KB197808

단어가 품은 세계

단어가 품은 세계

삶의 품격을 올리고
어휘력을 높이는
국어 수업

황선엽 지음(서울대학교 국어국문학과 교수)

빛의서가

서문

저는 단어의 뿌리를 탐구하는 일이 참 재미있습니다. 제가 처음 단어가 지닌 놀라움과 즐거움에 매료된 것은 상추 때문이었습니다. 박사과정을 수료하고 여러 대학에 시간강사로 출강할 무렵 강원도 정선으로 방언 답사를 간 적이 있었습니다. 방언을 조사하다가 어느 어르신께서 상추를 부루라고 하는 것을 듣게 되었습니다.

그때 '옛 문헌에서만 보았던 부루란 말이 방언에는 여전히 쓰이고 있구나' 하는 사실을 알게 되었지요. 그래서 상추란 말의 변천을 정리해서 한 편의 글을 쓰게 되었습니다. 그리고 그 작업이 저에게는 무척 재미가 있었기에 그 이후로도 문헌을 읽으며 나타나는 특이한 단어들에 주목하여 하나씩 정리를 해나가기 시작했습니다.

단어도 사람처럼 태어나서 성장하고 노쇠하며 끝내는 죽기도 합니다. 다만 단어의 수명은 천차만별이어서 어떤 단어는 선사 시대부터 현재까지 쓰이는 것도 있고 불과 몇 년 쓰이다 사라지는 것도 있지요. 오래 쓰인 단어라 하더라도 소리나 모습, 의미 등이 변화하기도 합니다. 그래서 단어의 변화를 들여다보면 인류의 변화상, 민족의 역사, 세태의 변천을 볼 수 있습니다.

아기가 말을 처음 배울 때 '엄마, 아빠'와 같은 단어부터 배우듯이 우리가 외국어를 배울 때도 단어로부터 시작합니다. 즉 단어는 언어를 이루는 가장 기본적인 단위라고 할 수 있습니다. 그러다 보니 사람들은 단어에 관심을 가지고 이 단어는 왜 이런 모습을 지니고 있을까, 왜 이런 의미로 쓰이지, 또 그 유래는 무엇일까 등과 같은 의문을 가지며 경우에 따라서는 나름대로의 답을 내어놓기도 합니다.

저도 역시 단어들에 대해 이와 같은 의문을 가져왔고 옛 문헌을 뒤적이며 저 나름대로 그 답을 찾아왔습니다. 물론 저 스스로 찾아낸 것은 소수에 불과하며 다수는 선학들의 노력에 기댄 것이기는 하지요.

단어는 변화합니다. 사람들의 생활상에 따라 변화하고 시간이 흐르며 세대에 따라 다르게 쓰이기도 합니다. 그 자체로 보석 같은 이야기를 간직하고 있기도 합니다. 계절을 의미하는 봄이 '보다'라는 동사의 명사형에서 기원했다는 잘못된 설명을 하는 이도 있지만 봄의 어원은 알 수 없습니다. 다만 수천 년 전부터 봄이란 모습으로 쓰여왔다고 할 수 있습니다. 동포(同胞)는 원래는 같은 배에서 태어난 생명체들을 의미하는 말이지만 한 부모에게서 태어난 형제자매의 의미로, 나아가 겨레와 민족을 뜻하는 말로 성장하였지요. 오얏은 재래종 자두를 뜻하는 말인데 지금은 성씨를 나타내는 한자 오얏 리(李) 정도에만 흔적을 남기고 쇠퇴하고 말았습니다. 숫자 1000을 의미하던 즈믄은 사라진 후 오래되어 현대어에는 흔적도 남아 있지 않고 오직 문헌에만 나타납니다.

단어의 변화는 오래된 과거의 일이기만 할까요? 그렇지 않습니다. 현재도 진행되고 있습니다. 1990년대 후반부터 당근이 당연하다는 의미로 사용되기 시작했습니다. 일시적 유행으로 그치지 않을까 하였으나 지금까지 사용될 뿐만 아니라 국립국어원에서 운영하는 오픈형 사전인 〈우리말샘〉에까지 등재가 되었습니다. 여기서 단어는 의미를 더 확장합니다. 중고거래 애플리케이션 당근마켓이 등장하면서 당근은 또 새로운 의미를 획득해가고 있지요. 홍당무를 뜻하는 당근과, 당연하지를 의미하는 당근, 당신 근처의 마켓이라는 의미에서 출발했다는 당근은 동음이의어이지만 한때 '당근이지'를 '말밥이지'라고 말했고 당근마켓의 로고가 홍당무인 것은 사람들이 이 세 당근을 다의어(같은 말)로 인식하고 있음을 보여줍니다.

단어는 쉽게 만들어졌다 곧 사라질 수도 있습니다. 문자로만 존재했으니 단어라고 할 수 없을지 모르지만 한때 통신상에서 유행했던 뷁이라는 말은 요즘 중고등학생들은 모르는 말이 되었습니다. 또한 코로나19 팬데믹을 겪으며 마기꾼과 마해자라는 말이 생겨났는데 마스크 사용이 줄어들면서 이런 말들이 유지될 수 있을지 모르겠습니다.

국어학을 공부하겠다고 대학원에 진학한 것이 벌써 30년이 넘었고 대학 강단에 선 것도 25년이 훌쩍 지났습니다. 그동안 옛 문헌을 보며 현대와는 다른 모습이나 의미를 지니는 단어들을 하나둘 정리하여 발표했던 것들이 꽤 여럿이 됩니다. 또 미처 글로 정리하지 못하고 자료만 정리해두었던 것도 있었습니다.

논문을 쓰고 자료를 정리해두면서 수업 시간에 간혹 다루기는 하였지만 국어학 전공자가 아닌 사람들에게도 이런 내용을 소개할 수 있는 기회가 있으면 좋겠다는 막연한 생각만을 가지고 있었습니다. 그러다 뜻하지 않은 메일을 한 통 받게 되었습니다. 재미있는 이야기를 품고 있는 단어들을 모아 책을 내면 좋겠다는 제안이었지요.

평소 그러한 뜻이 있었기에 메일을 받고 여러 시간 고민을 했습니다. 원고를 빨리 쓰지도 못하는 데다 해야 할 다른 일들도 많아서 선뜻 용기를 내기 쉽지 않았지만 학생들과 나누고자 했던 마음과 내용을 글로 풀어본다면 가능할 것도 같아 생각지도 못하게 출간을 약속하고야 말았습니다. 쓰고 싶은 내용이 더 있었지만 여기까지 오는 데만도 꼬박 1년이 넘는 시간이 지났기에 준비한 이야기를 먼저 풀어놓고 못다 한 이야기는 다른 자리에서 할 수 있기를 바랍니다.

이야기를 건네듯 글을 쓰려 했는데 여전히 딱딱한 부분이 있기도 합니다. 음운현상이나 단어 구조에 대한 문법적인 이해가 꼭 필요한 부분들에서 그러합니다. 외국어 문법은 시간을 오래 들여 배우지만 우리말 문법은 당연하게 넘어가던 것을 이번 기회에 한번쯤 알아본다고 여기며 접근해주시면 좋겠습니다. 부족한 저의 글이 읽는 분들에게 어떻게 다가갈지 모르겠지만 여러 분들의 국어 단어에 대한 이해가 조금이나마 깊어질 수 있다면 더 바랄 것이 없겠습니다.

황선엽

차례

서문

【 01 】 사소한 궁금증이 만드는 위대함에 대하여

○

사소하다 여겨지는 것들에 궁금증을 품을 줄 알면
더 많은 것들에 관심이 가고 알고 싶어집니다.
사소한 궁금증이 위대할 수 있습니다.

황소도 아니고, 얼룩백이 소도 아닌 얼룩백이 황소를 본 적이 있나요?

넓은 벌 동쪽 끝으로
옛이야기 지줄대는 실개천이 회돌아 나가고,
얼룩백이 황소가
해설피 금빛 게으른 울음을 우는 곳,
그곳이 차마 꿈엔들 잊힐리야

정지용 시인의 시 〈향수〉 제1연입니다. 교과서에도 실려 있고 노래로도 불리어져 우리에게 매우 익숙한 시이지요. 〈향수〉가 노래로 만들어진 것은 모두 3차례나 된다고 하는데 우리에게 익숙한 노래는 가수 이동원과 테너 박인수가 같이 부른 〈향수〉입니다. 시를 읽다 보면 어느새 음을 따라 노래를 흥얼거리게 되는 재미있는 경험을 하게 되고는 하지요.

그런데 이 시를 읽다 보면 눈에 들어오는 구절이 있습니다. '얼룩백이(현대 표준어로는 얼룩빼기) 황소'라는 부분입니다. 얼룩백이 황소란 어떤 소를 말하는 걸까요? 얼룩백이 황소 모습을 머릿속에 한번 떠올려 보시기 바랍니다. 떠올리려고 가만 생각해보면 어딘가 이상하지 않나요?

해가 저물어가는 저녁 무렵 넓은 벌판에서 황금빛 햇살을 받으며 한가로이 풀을 뜯다 울음을 우는 누런 소의 모습을 떠올리다가 번뜩 생각하게 됩니다.

'가만, 그냥 황소가 아니라 '얼룩백이' 황소잖아?'

머릿속으로 떠올리던 누런 소에 얼룩덜룩 덧칠을 해야 하는 걸까, 생각할지도 모르지요.

왜 시인은 황소도 아니고 얼룩백이 소도 아닌, 얼룩백이 황소라고 했을까요? 얼룩백이 황소란 대체 어떻게 생긴 소일까요?

그 많던 검은 소는 모두 어디로 갔을까?

요즘 사람들은 얼룩백이 소라고 하면 흰색과 검은색이 어우러진 점박이 무늬의 홀스타인 젖소를 떠올릴 것 같습니다. 그런데 우리나라에 홀스타인 품종의 소가 널리 보급된 것은 1960년대 이후라고 합니다. 이 시가 발표된 때는 1927년이니 당시에 홀스타인 젖소가 우리나라 들판에서 풀을 뜯고 있는 모습을 상상하기는 어렵습니다.

홀스타인 젖소도 아니라면, 얼룩백이 소란 무엇을 말하는 걸까요? 여기서 얼룩백이란 칡소를 말합니다. 오늘날 한우의 대표는 누런 소가 되었지만 전통적으로 우리나라의 소는 누런 소 외에도 흰 소, 검은 소, 몸에 호랑이처럼 줄무늬를 가진 칡소 등 다양한 종류의 소가 있었습니다.

우리나라에 검은 소가 있었다는 것은 황희 정승의 이야기나 콩쥐팥쥐 설화 등을 통해서도 능히 알 수가 있습니다. 황희가 젊은 시절에 길을 가다 누런 소와 검은 소 두 마리로 밭을 가는 노인을 보고 "어느 소가 일을 더 잘하느냐?"라고 묻자 그 노인이 다가와 귓속말로 답을 해주었다는 이야기는 널리 알려져 있지요. 짐승조차도 자신에 대한 험담은 싫어할 것이라는 교훈을 얻은 황희가 이를 통해 뒷날에 명재상이 되었다는 이야기입니다.

콩쥐팥쥐 설화 속에도 검은 소가 나오지요. 나무 호미를 가지고 자갈밭을 매라는 계모의 명을 받은 콩쥐가 호미가 부러져 울고 있자 하늘에서 검은 소가 내려와 밭을 갈아주었다는 이야기도 익히 잘 알려져 있습니다. 그만큼 예전에는 우리나라에 검은 소가 많이 있었고 친숙했기에 이와 같은 이야기들이 만들어졌을 것입니다.

그 많던 검은 소는 모두 어디로 가버린 걸까요? 흰 소와 칡소는 또 어디로 가버렸을까요? 예전에는 우리나라에 다양한 색깔의 소가 있었습니다. 그러나 누런 소를 한우로 규정하면서 여러 색의 소가 서서히 자취를 감추어갔습니다. 그래서 이제는 검은 소나 흰 소, 칡소를 잘 볼 수 없게 되었지요.

검은 소나 흰 소는 이처럼 유명한 설화를 통해 알게 됩니다. 그에 비해 호랑이처럼 줄무늬를 가진 칡소에 대해서는 그다지 잘 알려져 있지 않은 것 같습니다. 그러나 쉬이 알아채기가 어려웠을 뿐, 칡소도 옛 시와 동요에서 흔히 등장합니다.

송아지 송아지 얼룩 송아지,
엄마 소도 얼룩소 엄마 닮았네.
송아지 송아지 얼룩 송아지,
엄마 귀도 얼룩 귀 귀가 닮았네.

ㅇ

칡소.

우리에게 매우 익숙한 시 〈향수〉 속 '얼룩백이 황소'는 바로 칡소다. 지금은 누런 소만 쉽게 볼 수 있으나, 원래 우리나라에는 흰 소, 검은 소, 칡소 등 다양한 색의 소가 있었다.

박목월 시인의 시를 동요로 만든 〈얼룩송아지〉 가사 중 일부입니다. 이 가사에서 등장하는 얼룩소도 칡소를 말하는 것이라 합니다. 정지용 시인의 시 〈향수〉에 등장하는 얼룩백이 황소와 마찬가지로 칡소를 말하지요.

황소는
누런 소가 아닙니다

여기까지 이야기를 하고서 "황소가 어떤 소를 말하는 걸까요?" 질문을 하면 대부분의 사람들은 황소의 '황'이 누를 황(黃)이라고 오해하는 경우가 많습니다. 오늘날 한우의 대표인 누런 소를 두고 황소라고 한다고 말이지요.

그러나 사전에서 황소를 한번 찾아보시기 바랍니다.

황소: 〈명사〉 큰 수소

큰 수소라고 풀이되어 있지요? 황소는 다 성장한 수소를 뜻하는 말입니다. 색깔과는 상관없는 명칭인 것입니다. 앞 쪽 사진 속 소는 암소 칡소이지만, 얼룩백이 황소는 수소 칡소를 말합니다. 일반적으로 암소보다 수소의 크기가 크므로 큰 소라는 의미에서 한쇼라고 부르던 말이 변하여 황소가 되었어요.

옛말로 '하다'는 '크다'라는 의미를 지닌 말이었습니다. 여기서 한쇼, 한새, 한숨, 한아비, 한어미 등의 단어가 만들어졌어요. 즉 한쇼란 의미적으로는 큰 소를 뜻하나, 결과적으로는 다 성장한 수소를 지칭하는 말로 쓰이게 되었고, 이 말이 변하여 황소란 어형이 된 것입니다.

황새 역시 같은 변화를 겪었습니다. 큰 새라는 의미의 한새가 변화하여 황새가 되었습니다. 황새는 몸 전체가 흰색이고 다리는 붉은색을 띄다 보니 황새를 두고 누런 새라고 먼저 연상하는 경우는 잘 없지요.

'한'자가 '황'자로 변화한 단어들과는 다르게 원형 '한'자가 남아 있는 경우도 있습니다. 한숨이 그렇지요. 근심 걱정이 있어 내쉬는 숨을 한숨이라고 보통 생각하기 마련입니다. 그러나 한숨은 기원적으로 '큰'이란 뜻에서 시작한 크게 내쉬는 숨을 말합니다.

할아비와 할미도 원래는 한아비와 한어미였습니다. '크다'는 의미의 '한'자가 '할'로 바뀌면서 그 의미를 쉽게 파악할 수 없게 되었지만, 본래 의미는 아비보다 더 큰 사람, 어미보다 더 큰 사람이 할아비와 할미입니다.

사소한 궁금증이 위대하다

저는 정지용 시인의 시 〈향수〉 속에 등장하는 얼룩백이 황소로 이야기를 꺼내는 것을 좋아합니다.

"얼룩백이 황소는 어떤 소일까요?"

이 질문을 던지면 대부분 사람들의 표정이 알쏭달쏭하게 변화하는 것을 볼 수 있습니다. 당연하게 여겨왔을 뿐 의문을 품어본 적은 없었던 것이지요. 그러나 가만 생각해보면 이상하다는 것을 금세 알 수 있습니다.

지금은 누런 소만 쉽게 볼 수 있으니, 아이들은 물론이고 어른들도 우리나라에 다양한 종류의 소가 있었다는 것을 잘 알지 못합니다. 그러나 옛 이야기와 시와 노래 가사 속에는 생생하게 살아 숨 쉬고 있지요. 정지용 시인의 시 〈향수〉뿐만 아니라 박목월 시인의 시를 동요로 만든 〈얼룩송아지〉, 황희 정승의 이야기나 콩쥐팥쥐 설화 등은 널리 알려져 많은 사람들이 알고 있습니다. 어릴 적 동요로도 따라 부르고 교과서에도 흔히 실려 있으니까요.

그러나 이 이야기 속에 등장하는 얼룩백이 소(칡소)나 검은 소와 흰 소의 존재에 의문을 품고 궁금증을 가지는 사람은 적을 것입니다. 자신이 이미 알고 있다 생각하는 것 가운데 습관적으로 그냥 받아들이는 것이지요. 그러나 조금만 의문을 품고 생각해보아도 어딘가 이상하다는 것을 알아챌 수 있습니다. 작은 궁금증 하나가 깨달음을 줄 수 있는 것입니다.

저는 작은 궁금증에 대해 생각해봅니다. 사소하다 여겨지는 것들에 궁금증을 품을 줄 알면 더 많은 것들이 궁금해지고 더 알고 싶어집니다. 흔히 듣고 보던 말과 물건을 달리 생각해보고, 습관처럼 하던 행동에 의문을 품어보고 질문해보는 것에서 남다름은 탄생하는 것일 테지요. 지금 고개를 들어 주변을 한번 찬찬히 살펴보시기 바랍니다. 익숙하다 여겨지는 것을 달리 볼 줄 아는 사소한 궁금증이 위대할 수 있습니다.

사소하다 여겨지는 것들에
궁금증을 품을 줄 알면
더 많은 것들이 궁금해지고
알고 싶어집니다.

흔히 듣고 보던 말과
물건을 달리 생각해보고,
습관처럼 하던 행동에 의문을 품어보고
질문해보는 것에서
남다름은 탄생합니다.

【 02 】 겉모습에 현혹되면 본질을 알아차리기 어렵다

○

참된 의미는 겉으로 잘 드러나지 않는 법이지요.
한 사람을 바라볼 때도, 하나의 단어를 사용할 때도
어떤 삶과 어떤 과정을 걸어왔는지
관심을 가지고 들여다볼 일입니다.

학계를 깜짝 놀라게 한 논문 한 편

학교에 있다 보면 한국에 온 지 얼마 안 되는 외국인 교수를 만나 대화를 나누게 되는 일이 종종 있습니다. 주제가 떨어지면 음식 이야기를 하고는 하는데요. 한국 음식을 처음 접하는 외국인들과 대화를 하다 보면 첫인상으로 '맵다'라는 말을 많이 합니다. 매일 식탁에 오르는 김치부터 고춧가루가 듬뿍 들어가 있으니 어쩌면 당연한 일일지도 모르겠습니다. 우리나라 음식 가운데는 매운 음식이 참 많지요. 음식에 매운 맛을 내기 위해 넣는 고추는 우리나라 음식을 이야기할 때 빼놓을 수 없는 식재료라고 할 수 있습니다.

고추가 임진왜란 이후 우리나라에 전해졌다는 것은 널리 알려진 사실입니다. 그런데 2008년 한 기관에서 발표한 논문을 통해 깜짝 놀랄 만한 주장이 제기됩니다. 15세기 이전에 우리나라에 고추가 이미 존재했다는 것입니다. 이 논문이 발표되자 학계는 술렁였습니다. 만약 이것이 사실이라면 세계사를 다시 써야 할지도 모르는 상황이었으니까요. 그만큼 중대하고 또 파급력이 큰 문제였습니다.

잠깐 고추의 여정을 살펴보죠. 고추의 원산지는 아메리카 대륙입니다. 콜럼버스가 1492년에 신대륙을 발견한 이후 고추는 비로소 구대륙에 모습을 드러냅니다. 이후 스페인을 통해 유럽 지역에 전파되고, 네덜란드의 식민지였던 자카르타에 도착하며 아시아에 상륙하게 됩니다.

일본을 거쳐 우리나라에 들어온 것은 임진왜란 이후입니다. 고추가 한반도에 도착하기까지 대략 100년 동안 이러한 여정을 거친 것이지요. 그런데 15세기에 이미 우리나라에 고추가 있었다면 지금까지 알려진 역사와는 전혀 다른 전개가 펼쳐지고 맙니다.

이 주장의 근거는 이렇습니다. 15세기와 16세기 문헌에 '고쵸'라는 단어가 등장한다는 것이죠. 《구급간이방》과 《훈몽자회》라는 문헌이 그 출처입니다. 《구급간이방》은 위급한 상황이 발생했을 때 집에서 취할 수 있는 간단한 응급처치를 정리해 둔, 일종의 민간 응급처치서라고 할 수 있는데요. 이 책에 다음과 같은 내용이 등장합니다.

존 밴덜린

<콜럼버스의 상륙>

1847년, 캔버스에 유채, 365.7×548.6cm

미국 국회의사당 원형홀

1492년 10월 12일 아메리카 서인도제도에 첫발을 내디딘 크리스토퍼 콜럼버스. 콜럼버스는 탐험 당시 현지인들이 재배하는 작물에 대한 기록을 일지에 남겼다. 이것이 고추에 대한 최초의 기록이다. 이후 고추는 스페인을 통해 유럽에 전파되고 아시아에 전파되며 전 세계인의 입맛과 음식을 바꿔놓은 작물이 됐다.

"배앓이를 하다 맑은 물을 토하거든 고쵸를 갈아 술에 타 먹으라."

이 논문에서는 이 자료에 나타나는 고쵸가 현대의 고추라고 파악한 것입니다. 그런데 그 내용을 보면 쉽게 이해가 되지 않습니다. 맑은 물을 토할 정도인데 고추를 갈아 마시라니요? 세계사를 다시 써야 하는 중대한 문제 앞에서 우리는 이 문헌에 나타난 고쵸가 무엇을 지칭하는 것인지 따져볼 필요가 있습니다.

"오랑캐 땅에서 산초처럼 생긴 것이 들어왔구나!"

고쵸(胡椒)에서 쵸(椒)는 원래 산초를 의미합니다. 산초는 산초나무의 열매로 지역에 따라 현재도 김치 담글 때 넣기도 합니다. 산초와 유사한 것으로 초피라는 식물도 있어 이 둘이 혼동되는 경우가 많습니다. 그래서 초가 초피로 해석되기도 하는데요. 흔히 추어탕을 먹을 때 넣어 먹는 향신료를 산초라고 하는데 실제로는 이것이 초피라고 합니다.

산초를 익숙하게 먹던 옛 중국에 산초와 모양과 맛이 비슷한 열매가 다른 나라에서 들어왔습니다. 이것을 두고 중국 사람들은 오랑캐 땅에서 들어온 산초라는 의미로, 오랑캐 호(胡)자를 써서 호초(胡椒)라고 불렀습니다. 호초라는 이름이 어쩐지 낯설지 않지요? 호초가 무엇일까요? 맞습니다. 우리가 아는 바로 그 후추입니다.

요즘 요리에 자주 쓰이니 통후추의 생김새는 익숙하실 겁니다. 이 후추 열매는 익기 전에는 상당히 산초와 비슷한 생김새를 가졌습니다. 매운 맛을 띤다는 것도 비슷하지요. 후추는 적도 인근에서 생장합니다. 말레이시아와 인도네시아, 인도 등 아주 더운 지방에서만 나는 식물입니다. 중국에서는 한나라 때부터 수입했는데, 굉장히 귀한 향신료였습니다.

우리나라에도 후추는 일찌감치 전래된 것으로 보입니다. 1970년대, 신안 앞바다에서 고려시대에 좌초한 배가 발견되었습니다. 이 배는 700년 전인 1320년대에 중국과 다른 나라 사이를 오갔던 것으로 추정되는데, 화려한 유물을 잔뜩 싣고 있어 보물선이라는 별명이 붙기도 했지요. 이중에는 후추가 가득 담긴 상자도 있었다고 합니다. 당시 동아시아의 무역에서 후추가 거래되었다는 것을 알 수 있지요.

이 후추를 한자로는 오랑캐 땅에서 온 산초라는 의미로 胡椒(호초)라고 씁니다만, 우리 조상들은 고쵸라고 불렀습니다. 한자 胡의 옛날 발음이 '고'에 가까웠고 椒의 발음은 '쵸'였거든요. 그래서 15세기 문헌에 고쵸라는 모습으로 나타나게 됩니다.

《구급간이방》에 쓰인 용례를 보면 고쵸가 후추를 의미한다는 사실을 알 수 있습니다.

> 심하게 기침을 하거든, 배 하나에 50개의 구멍을 뚫고, 구멍마다 고쵸를 하나씩 넣고 밀가루 반죽으로 싸서 익히고, 식으면 고쵸를 빼내고 먹어라.

쉽게 말하면 배숙과 같은 것을 만들어 먹으라는 것입니다. 고쵸가 고추라고 해봅시다. 구멍 뚫은 배에 고추 50개를 넣는 모습을 상상할 수 있나요? 이밖에도《구급간이방》에는 배앓이나 가슴앓이에 약으로서의 고쵸의 쓰임이 나타납니다. 현재도 고추는 한약재로 사용하지 않습니다. 즉, 여기에 등장하는 고쵸는 고추가 아니라 후추라는 것을 알 수 있습니다.

겉모습에 현혹되면 원래 의미를 보기 어렵습니다

이러한 이유로 학계에서는 '고추가 15세기 이전부터 한반도에 존재했다'는 논문의 주장에 반박했습니다. 그러나 필자들은 연이어 네 편의 논문을 발표합니다. 그 근거 중 하나는 15세기 문헌에 '초장'이라는 단어가 등장한다는 겁니다. 이것이 고추장을 의미한다는 것이죠. 고추장이 언급되었다는 책 속 구절은 이렇습니다.

초장으로 제사를 마쳤는데 뜻을 어찌 견디겠는가?

제사 문화에 익숙한 분들이라면 아실 겁니다. 제사상에 오르는 음식에는 고춧가루나 고추장을 사용하지 않는다는 것을요. 여기서 나오는 초장은 산초 열매로 담근 것으로, 제사에 쓰이는 음식이었습니다. 고추장이 아닙니다.

18세기의 예이기는 하지만 고초장이 오늘날의 고추장이 아님을 보여주는 하나의 예시가 더 있습니다.

어제 저녁부터 설사 증세가 생겼는데, 그로 인해서 또 구토가 났고 밤새도록 낫지 않다가 새벽에 고초장물(枯椒醬水) 반사발을 마셨더니 증상이 멎었다.

여기서 말하는 증상은 장염으로 생각됩니다. 그런데 설사가 나고 구토가 나는 증상에 고추장물을 먹었을까요? 상식적으로 후추물이라고 보는 것이 합리적입니다. 후추(또는 초피)는 현재에도 구토나 곽란 등을 치료하기 위한 약재로 사용되고 있기도 하지요.

그러니까 고쵸나 (고)초장을 발음이 비슷하다고 해서 지금의 고추나 고추장으로 해석해서는 안 됩니다. '고추가 15세기 이전부터 한반도에 존재했다'라고 주장하는 논문의 필자들은 고쵸나 초장이라는 단어의 겉모습에 현혹되어 그것이 실제로 무엇을 의미하는지 살피지 못하고 잘못된 주장을 펼치게 된 것입니다.

새로운 존재가 익숙한 존재를 물리치는 법

사람들은 익숙하지 않은 것을 친숙한 것으로 바꾸는 일이 종종 있습니다. 새로 등장한 존재가 이미 존재했던 것의 이름을 빼앗아가는 경우도 마찬가지입니다. 굉장히 귀해서 잘 구할 수 없었던 후추를 뜻하던 고쵸라는 이름을, 새롭게 들어온, 한반도 전역에서 재배가 가능했기에 흔하게 된 매운 향신료 열매인 고추가 가져가버린 것입니다.

이후 후추가 많이 수입되면서 이를 다시 호초라 칭하게 되었고 이 말이 변하여, 후추가 되었습니다. 이렇게 고추와 후추는 서로 이름을 주고받으며 넘나드는 변화를 보여왔습니다.

언어의 세계에서 새로 등장한 존재가 익숙한 존재를 물리치는 경우가 종종 등장합니다. 고추와 후추가 그러한 예이지요. 꼭 언어의 세

단어의 겉모습에 현혹되면,
그것이 실제로 무엇을 의미하는지
살피지 못하고
잘못된 주장을 펼치게 됩니다.

참된 의미는 겉으로
잘 드러나지 않는 법이지요.
한 사람을 바라볼 때도,
하나의 어휘를 사용할 때도,
어떤 삶을 살아오고
어떤 역사적 과정을 걸어왔는지
들여다볼 일입니다.

산초나무

계에서만 그럴까요? 낯선 존재가 공고한 어떤 자리를 차지하려 할 때 효율적인 방법은, 자주 보이고 많이 쓰이는 일이 아닐까 싶습니다.

초(椒)가 의미하는 식물에 관한 재미있는 사실을 한 가지 덧붙이자면, 초의 종류 중에 천초(川椒)라는 것이 있습니다. 중국의 사천(四川) 지역에서 나는 산초라는 뜻입니다. 이게 바로 요즘 한국에서도 인기가 높은 마라입니다. 옛 문헌에서는 진나라 땅에서 나는 산초라는 의미에서 진초(秦椒), 촉나라의 산초라는 의미에서 촉초(蜀椒)라고도 했는데, 모두 현재의 마라를 뜻하는 단어입니다.

학계를 발칵 뒤집어놓을 정도로 떠들썩했던 논란은 겉모습만 보고 원래 의미를 잘 살피지 못했기에 일어났습니다. 하나의 어휘를 살펴볼 때는 시대나 지역에 따라 의미나 대상이 달라질 수 있다는 것을 염두에 두어야 하겠습니다.

사람을 살펴볼 때도 마찬가지가 아닌가 생각합니다. 겉모습만 보고 차갑다고 여기거나 냉소적일 거라고 생각했던 사람이었는데 이야기를 많이 나누어보고 그 사람의 내면을 알아나가다 보면 따듯하고 배려 깊은 사람이라는 것을 깨닫기도 합니다. 참된 의미는 겉으로 잘 드러나지 않는 법이지요. 한 사람을 바라볼 때도, 하나의 어휘를 사용할 때도 어떤 삶을 살아오고 어떤 역사적 과정을 걸어왔는지 들여다볼 일입니다.

[03] 언어 변화는 다르게 인식된다

○

단어의 의미 변화는 기성세대의
당혹감에도 불구하고 진행됩니다.
그리고 새로운 의미가 안착하지요.

"얼굴이 열일한다"라는 말, 어떻게 이해하고 있나요?

잘생긴 연예인들을 보고 '얼굴이 열일한다'라는 표현을 쓰고는 합니다. 여기서 '열일'의 의미가 무엇일지 생각해보신 적 있나요? 저는 이 말을 처음 들었을 때 '열 일 제쳐 두고' 할 때의 '열 일'(열 가지 일이란 뜻에서 '많은 일'이나 '모든 일')과 같은 의미라고 생각했습니다. 즉 '얼굴이 모든 일을 다했다'라는 의미라고 이해한 것입니다.

그러나 학생들과 대화를 나누다 젊은이들은 '일요일인 오늘도 열일한다'라고 할 때의 열일, 즉 '열심히 일한다'라는 의미로 인식하고 있음을 알고 놀랐습니다. '얼굴이 열일한다'라는 표현이 근래에 나타난 것이니 나이든 제 생각이 틀리고 젊은 학생들의 인식이 맞는 것인지도 모르겠으나 저는 아직도 '얼굴이 열일한다'라고 할 때의 '열일'은 '열 일 제쳐 두고'의 '열 일'이라는 생각을 떨쳐내지 못했습니다.

그런데 이런 생각은 저만의 것이 아닌 듯합니다. 저와 비슷한 또래나 저보다 연상인 사람들의 다수가 이런 제 말에 동의를 하기 때문이지요. '열일'의 의미를 세대 간에 다르게 느끼는 현상은 이 표현을 접한 순서의 차이에서 비롯된 것으로 보입니다.

'열 일 제쳐 두고(놓고)'라는 표현이 언제부터 쓰였는지는 분명하지 않지만 1973년경에 발행된 신문기사에 등장하는 것으로 보아 50년 이상의 역사를 가지고 있다고 할 수 있습니다. 이에 비해 '열일(한다)'이라는 표현이 나타난 것은 10년 남짓 되었다고 보입니다. '열심히 일한다'라는 의미의 '열일'은 아마도 '열공'이란 표현에 유추되어 나타났다고 생각됩니다. '열공하다'와 '열일하다'가 모두 국립국어원에서 만든 개방형 사전인 〈우리말샘〉에 다음과 같이 실려 있습니다.

열공-하다(熱工하다)

열심히 공부하다.

(예) 그는 빡빡한 훈련 일정에도 불구하고 영어를 열공해 현재는 영어권 선수들과 의사소통에 전혀 문제가 없는 수준이다.

_《파이낸셜뉴스》 2009년 9월

공직자들이 업무 역량 강화와 군정 발전을 위해 열공하고 있다.

_《매일신문》 2013년 2월

열일-하다(熱일하다)

열심히 일을 하다.

(예) 그녀들의 느낌은 밝고 적극적이었다. 그 느낌이 말해 주듯이 알고 보니 모두 열일해 온 능력자들이었다.

_《내일신문》 2016년 9월

제시된 예문이 그 단어가 가장 처음 쓰인 용례라고는 할 수 없지만 이 예들을 통해 '열공하다'가 '열일하다'보다 먼저 나타난 것임을 추정해볼 수 있습니다. 제 기억으로도 '열공하다'가 먼저 쓰이기 시작했던 것 같습니다. 즉 '열심히 공부하다'를 줄여서 '열공'이란 말이 만들어지고 이에 유추되어 '열일'이란 말도 생겨났다고 볼 수 있어요.

그러나 이 말에 익숙하지 않은 기성세대들은 '열일'이란 말을 들을 때 그것이 '열심히 일한다'라는 말에서 줄어든 것임을 쉽게 인식하지 못하고 자신에게 친숙한 표현인 '열 일 제쳐두고'의 '열 일'을 떠올리게 됩니다. 더구나 '열일 하느라 바쁘다'나 '얼굴이 열일한다'와 같이 '열일'을 '많은 일'이나 '모든 일' 정도로 해석할 수 있는 표현들을 접할 때는 더욱 그렇지요.

세대 간에 언어 변화는 다르게 인식된다

이처럼 언어 변화로 인해 세대 간에 같은 말을 다르게 인식하는 경우가 종종 있습니다. 공갈과 엽기의 예가 그렇습니다.

저는 '거짓말하지 말라'는 의미로 '공갈치지 마'라고 말하는 표현을 어렸을 때부터 들어와서 공갈이 거짓말이란 의미를 지니고 있는 것이 이상하다는 생각을 해본 적이 없었습니다. 그러나 공갈이 거짓말이라는 의미를 지니게 된 것은 1950년대 이후이며 처음에 공갈이 거짓말이라는 의미로 쓰이는 상황을 접했을 때 무척이나 놀랐다는 어느 선생님의 말씀을 듣고 공갈이 의미 변화를 겪은 것임을 알게 되었지요.

공갈(恐喝)에서 공(恐)은 '두렵다'라는 뜻이고 갈(喝)은 '윽박지른다'라는 의미이니 한자 그대로의 의미로는 '공포를 느낄 정도로 위협한다'라는 의미입니다. 따라서 이런 의미로 쓰이던 단어가 어느 순간 단순히 거짓말이란 의미로 쓰이게 되었을 때 이를 처음 접한 사람들이 '이렇게 무시무시한 단어를 이렇게 쓰네'라고 느꼈을 당혹감과 거부감을 어느 정도 짐작해볼 수 있습니다.

현재 〈우리말샘〉에도 공갈은 다음과 같이 두 가지 의미가 다 실려 있습니다.

공갈(恐喝)

002 공포를 느끼도록 윽박지르며 을러댐.

(예) 빌린 돈을 갚지 않으면 가족들을 그냥 두지 않겠다며 매번 공갈을 일삼았다.

003 '거짓말'을 속되게 이르는 말.

(예) 윤수는 자신의 공갈이 사실로 되자 너무 기뻐 껑충껑충 뛰었다.

_ 김영희,《아이를 잘 만드는 여자》, 디자인 하우스, 1992년

1999년에 간행된《표준국어대사전》에도 두 의미가 다 설명되어 있으니 1950년대에 시작된 의미 변화가 이미 수십 년 전에 굳어졌다고 할 수 있습니다. 특히 공갈빵이란 단어도 사전에 실려 있고 공갈젖꼭지란 말도 있으니 공갈이 거짓말을 넘어 가짜라는 의미로까지 확장이 되었지요.

저보다 이전 세대들이 공갈의 의미 변화를 보며 느꼈을 당혹감을 제가 경험한 것은 엽기란 말의 의미 변화를 접했을 때였습니다. 엽기(獵奇)의 사전적 의미는 '비정상적이고 괴이한 일이나 사물에 흥미를 느끼고 찾아다님'입니다. 그래서 예전에는 '엽기적인 살인사건'과 같은 용법으로 쓰였었죠. 그런데 점차 의미가 약해져서 '다소 이상하거나 특이한 것'을 의미하는 것으로 바뀌게 되었습니다. 이러한 변화는

1990년대 말부터 시작되어 영화 〈엽기적인 그녀〉나 엽기토끼로 알려진 애니메이션 캐릭터 마시마로 등이 인기를 얻으면서 그 변화의 가속을 불러왔다고 생각됩니다. 해서 요즘에는 엽기떡볶이와 같이 엽기란 말이 일상적으로 쓰이고 있습니다.

엽기처럼 험한 표현이 특이함 또는 개성으로 받아들여지면서 의미가 완화되고 미화된 단어로 마약도 들 수 있습니다. 불온시되던 마약이란 말이 마약김밥, 마약떡볶이와 같이 음식 이름에 붙으면서 '맛있는'이란 의미로 쓰이게 된 것이지요. 그 자체로는 굉장히 거부감이 들 수 있는 단어인데 너무 일상적으로 쓰이면서 단어 자체의 뉘앙스까지 변질되는 현상이 나타나고 있습니다. 그래서 마약이라는 단어가 긍정적인 의미로 쓰이게 되는 현상에 대한 우려가 있기도 합니다.

단어는 기성세대의 당혹감에도 불구하고 변화한다

언어의 변화는 막을 수 없고 사람들의 선택을 무시할 수 없는 것이지만 저로서는 받아들이기 어려운 의미 변화를 겪는 단어들도 최근에 여럿 나타나고 있습니다. 단어 '구독'과 '맛집'이 그렇습니다.

10여 년 전부터 구독경제라는 말이 등장했습니다. '일정액을 내면 사용자가 원하는 상품이나 서비스를 공급자가 주기적으로 제공하는 신개념 유통 서비스'라고 뜻풀이가 되어 있는데 영어 subscription economy의 번역어입니다. 구독이라는 말이 일상적으로 쓰이면서 최근에는 '가전제품 구독'이라는 표현이 매우 일반화되었습니다. 주변 사람들에게 물어보니 '정수기 구독'이란 말이 전혀 어색하지 않다고 하네요. 그러나 저는 이런 표현이 몹시 귀에 거슬립니다.

구독(購讀)이란 원래 사서 읽는다는 말입니다. '책·신문·잡지를 구독하다'와 같이 쓰이는 표현인 것이지요. 그런데 신문이나 잡지는 일정 간격으로 나오니 매번 사기 불편하므로 일정 기간마다 돈을 내고 꾸준히 구독할 필요가 있었습니다. 즉 정기구독이 필요한 것입니다. 영어 subscription이 바로 이러한 정기구독, 또는 정기구독료에 대응하는 말입니다.

그런데 영어 subscription에는 정기구독 외에도 정기적으로 내는 회비라는 의미도 있습니다. 따라서 subscription economy가 '일정액을 내면 사용자가 원하는 상품이나 서비스를 공급자가 주기적으로 제공하는 신개념 유통 서비스'라는 의미로 쓰이는 것은 문제가 없습니다. 그러나 이를 구독경제라고 번역한 것은 명백한 오역입니다. 그나마 나은 번역은 '정기구독 경제'이지만 이 역시 구독이 사서 읽는다는 의미여서 적절치 않습니다. 즉 신문이나 잡지일 때는 subscription을 정기구독이라고 번역하고 경우에 따라 이를 구독으로 줄여 말할 수 있겠으나 일반 제품이나 서비스에 대해서 구독이라 하는 것은 옳지 않습니다.

물론 subscription economy에 대한 마땅한 번역어가 없고 이미 구독경제나 가전제품 구독 같은 표현이 너무 일반화되어 돌이킬 수 없는 상태가 되었습니다. 단어의 의미 변화는 대부분 이렇게 시작되어 기성세대의 거부감과 당혹감에도 불구하고 진행이 됩니다. 그리고 새로운 의미가 안착하게 되지요. 〈우리말샘〉에 구독의 의미로 '신청을 통해 온라인에서 콘텐츠를 지속적으로 받아 보거나 이용함'이란 풀이도 올라가 있는데 조만간 구독경제의 의미도 추가되지 않을까 추측해봅니다. 이런 사실을 너무나 잘 알고 있음에도 불구하고 가전제품 구독이라는 말이 여전히 제 귀에 거슬리는 것은 어쩔 수 없네요.

맛집 역시 마찬가지입니다. 몇 년 전부터 길거리를 지나다 보면 '강화유리필름맛집'과 같은 표현이 눈에 뜨입니다. 처음에는 '필름맛집'이나 '인테리어맛집'과 같은 말을 들으면 흠칫했는데 요즘은 온갖 것에다 단어 맛집을 붙입니다. 가게나 상점에 맛집을 붙이는 것은 그나마 이해가 되지만 사진 찍기 좋은 장소라는 의미로 자연 풍광에 대해서도 '사진맛집'과 같은 표현이 쓰이기도 하더군요. 다만 맛집에 '잘하는 집, 어떤 일을 하기에 좋은 장소'라는 의미가 굳어져 추가될지 아니면 이런 용법이 몇 년 쓰이다가 사라질지는 모르겠습니다.

사람들의 선택으로 언어는 변화합니다. 없던 의미가 새로이 생기기도 하고, 기존의 부정적인 의미가 완화되거나 심지어는 미화되어 쓰이기도 하며, 의미가 추가되기도 합니다. 시간이 흘러 자연스럽게 사람들 사이에 잘 쓰이지 않게 되면서 한때의 유행어로 남기도 하고 일상적으로 쓰이게 되어 안착하기도 하지요. 기존에 알던 단어가 새로운 의미로 쓰일 때, 그리고 그 단어를 자신도 쓰게 될 때 왜 이런 의미로 쓰이는 걸까, 어떤 의미를 가지는 걸까 생각해보면 좋겠습니다. 많은 단어를 무심코 써왔다는 사실을 발견하게 될 것입니다.

기존에 알던 단어가
새로운 의미로 쓰일 때,
그리고 그 단어를 자신도 쓰게 될 때
"왜 이런 의미로 쓰이는 걸까?"
"어떤 의미를 가지는 걸까?"
한번쯤 생각해보면 좋겠습니다.

많은 단어를 무심코 써왔다는 사실을
발견하게 됩니다.

【 04 】 모든 관계는 누가 먼저 없이 상호 의존적이다

○

나를 둘러싼 관계에 의문이 들거나 힘이 든다면
모든 관계는 누가 먼저랄 것 없이
상호 의존적이라는 것을 기억하기 바랍니다.

양복이 있기 전에는 한복이 없었습니다

양궁, 양동이, 양배추, 양변기, 양상추, 양송이, 양은, 양잿물, 양철, 양초, 양파…. 양자가 앞에 붙은 이 단어들의 공통점은 무엇일까요?

알쏭달쏭하다면 좀 더 유추하기 쉬운 단어를 이야기해보겠습니다. 양식, 양복, 양주, 양옥. 이 단어들에서 무엇이 떠오르시나요?

바로 서양에서 들어온 물건을 부르는 말입니다. 서양을 통해서 들어온 것들에 큰 바다 양(洋)자를 붙여 새로운 단어를 만들었지요. 어떤 개념이나 사물이 서양으로부터 들어왔을 때 사람들은 자신에게 익숙한, 이미 존재하던 개념이나 사물에 해당하는 단어에 '양'을 붙여서 단어를 만들어내었습니다.

지금은 보통 남성 정장을 두고 양복(洋服)이라고 부릅니다. 그러나 양복이라는 단어는 서양으로부터 들어온 새로운 형태의 옷들을 부르는 말이었습니다. 근대화 이전에는 현재 우리가 한복(韓服)이라 부르는 전통적인 바지, 저고리, 치마 등이 옷의 대표였습니다. 그러다 서양으로부터 새로운 형태의 옷들이 들어오자 이들을 양복이나 양장 등으로 불렀고 전통적인 옷들을 한복이라고 불렀습니다. 새로 들어온 말이 일반화되면서 전통적으로 존재해왔던 것을 구별하여 지칭하게 된 것이지요.

즉 양복이라는 개념이 생기고 나서 한복이라는 개념도 등장했습니다. 시간이 흐름에 따라 남녀 정장은 물론 청바지나 티셔츠, 코트 등을 포함하여 서양 복식이 일상화되면서 이들을 더 이상 양복이라고 부를 필요가 없어지게 됩니다. 그냥 옷이라고 하면 기본적으로 서양 복식을 의미하게 되고 전통 복식은 반드시 한복이라고 칭해야만 하는 상황이 되었습니다. 그러자 양복은 더 이상 서양 복식 전체를 의미하는 말이 아니라 남성 정장만을 의미하는 것으로 정착하였어요.

양약과 한약, 양악과 국악, 양의사와 한의사 등이 모두 비슷한 사례입니다. 전통적으로 약이라면 탕약이 중심이고 경우에 따라 구슬 형태의 환약이 쓰였는데 서양으로부터 새로운 형태의 약이 들어왔고 이를 양약이라 칭하게 되면서 전통적인 약에는 한약이란 명칭이 부여되었습니다. 그러다 양약이 중심이 되면서 양약을 그냥 약이라 불렀습니다.

양악(洋樂) 역시 마찬가지입니다. 서양음악인 양악에 대비하여 전통음악을 국악(國樂)이라 하게 되었는데 양악이 음악의 주류가 되면서 더 이상 양악이란 말은 쓰이지 않고 음악이라면 당연히 서양음악을 뜻하는 것이 되었습니다. 양의사(洋醫師)와 한의사(韓醫師)도 그렇습니다. 요즘 아무도 양의사라는 말을 쓰지 않습니다. 의사라면 당연히 양의사를 말하는 것이고 이에 대비하여 한의사라는 명칭이 구별되지요.

양동이, 양잿물, 양말
=서양에서 온 동이, 잿물, 버선

예전에는 우물에 물을 길러 갈 때 흙을 빚어 만든 무거운 동이(물동이)를 이거나 지고 가서 물을 길어 왔는데 가벼운 양철이나 양은으로 만든 바께쓰(영어 bucket이 일본을 거쳐 차용된 말)가 이를 대체하게 되었습니다. 이 바께쓰를 순화한 말이 바로 서양 동이라는 의미의 양동이입니다. 그러나 흙을 빚어 만든 물동이보다 양동이가 더 친숙한 후

세들에게는 양동이가 '양+동이'의 구조로 이루어진 단어라는 사실이 잘 인식되지 않고 하나의 단어로만 인식되지요.

지금은 거의 쓰이지 않지만 양잿물 역시 마찬가지입니다. 예전에는 지푸라기나 나무를 태우고 남은 재 위에 물을 부은 후 그 물을 받는 작업을 여러 차례 거쳐 만든 물, 즉 잿물을 사용하여 옷을 빨았습니다. 잿물에는 재 속에 있던 알카리 성분이 녹아 들어가 강한 알카리 용액이 되는데 이것이 때를 제거하는 효과가 있기 때문이지요. 근대화 이후 이 잿물보다 훨씬 세탁 효과가 좋은 수산화나트륨이 들어오게 되자 사람들은 이것을 구입하여 물에 녹여서 빨래를 하게 되었고 이를 '서양에서 들어온 잿물'이란 의미에서 양잿물이라 불렀습니다.

양잿물은 그 이름만으로 본다면 수산화나트륨을 물에 녹인 것만을 의미해야 하지만 사람들은 가게에서 파는 수산화나트륨 덩어리나 가루를 양잿물이라 했습니다. 그런데 이 양잿물은 피부에 닿으면 피부가 녹을 정도로 강한 염기성을 지닌 물질이기 때문에 많은 부작용을 일으키게 되어요. 어린아이들이 양잿물 덩어리를 사탕인 줄 알고 집어먹거나 부뚜막 위에 놓인 양잿물 녹인 물을 냉수로 착각하여 마시게 되는 일이 비일비재했던 것입니다. 1930년대의 신문 기사를 찾아보면 양잿물로 인한 사고로 병원을 찾는 사람들이 많았다는 사실을 확인할 수 있습니다. 이러한 폐단으로 인해 결국 양잿물 자체는 시장에서 퇴출되었지만 '공짜라면 양잿물도 마신다'와 같은 속담을 통해 그 이름만은 남아 있습니다.

하지만 현대에도 각종 세제나 비누를 만드는 기본 성분은 수산화나트륨이라고 합니다. 다만 현대에는 이를 수사화나트륨 내지는 가혹한 성질을 지닌 소다(탄산 성분이 있는 물질)라는 의미에서 가성(苛性) 소다라고 부르고 양잿물이라 칭하는 일은 사라졌지요. 양잿물은 역사적으로 과거에 시판되던 수산화나트륨 덩어리를 칭하는 이름으로만 남아 있습니다.

양말은 한자어인데 洋襪과 같이 씁니다. 첫째 글자는 큰 바다 양(洋)자인데 두 번째 글자인 襪는 자주 쓰이는 한자가 아니어서 조금 어렵게 느껴지실 텐데요. 버선 말(襪)입니다. 요새는 한복을 입더라도 버선까지 챙겨 신지 않기도 합니다. 그러나 전통적으로는 양말이 없었으니 예전에는 남녀노소 모두 버선을 신었습니다. 그러다 버선 대신 발에 신는 것이 같이 들어오자 이를 서양 버선이란 의미에서 양말로 부르게 되었지요.

그러나 襪(말)자가 널리 쓰이는 한자가 아니었기 때문에 사람들은 양말이 서양 버선이란 의미의 한자어라는 사실을 잘 몰랐습니다. 그러니 양발이라고 잘못 표현하는 경우도 간혹 볼 수 있습니다. 어떤 단어의 형태가 잘 이해되지 않을 때 사람들은 그 단어의 어원을 나름대로 유추하여 그 의미에 맞는 익숙한 형태로 바꾸는 일이 자주 발생한다는 사실을 앞서 말씀드렸는데, 양말을 양발이라고 말하는 경우도 그렇습니다.

익히 알던 것에 '양'을 붙이면 새로운 의미가 된다

서양을 뜻하는 '양'자가 들어가 있는 단어는 이외에도 여러 개가 있어요. 양행(洋行)이라는 단어를 들어본 적이 있으신가요? 요즘에는 유한양행이라는 회사 이름 외에는 잘 찾아보기 힘든 것 같습니다. 행(行)이란 원래 거래소란 의미이니 양행이란 '서양 물건을 거래하는 곳'이라는 의미입니다. 일제 강점기 잡지에는 각종 양행 광고가 많이 실렸는데 요즘은 양행이란 표현이 거의 사라지고 말아서 사람들이 양행이란 말을 들어도 그 의미를 잘 모르지요.

양행과 같이 거래소란 의미의 '행'이 쓰인 단어가 또 있습니다. 바로 은행(銀行)입니다. 은을 거래하는 곳이라는 의미이지요. 현대인들은 은행과 은을 직접적으로 연결시키기 어렵습니다만 중국과 일본뿐 아니라 서양의 많은 나라들도 예전에는 은을 화폐의 기본으로 삼았었습니다. 자본의 이동과 축적이 주로 은을 통해 이루어졌고 이것을 담당하던 곳이 바로 은행이었지요. 그러다 은본위 화폐제가 폐지

되고 은행에서 더 이상 은을 거래하거나 다루지 않게 되었지만 그 이름만은 여전히 은 거래소라는 의미의 은행으로 남아 사용되고 있습니다.

양회(洋灰)란 말을 들어보신 적이 있나요? 양회란 서양 석회라는 의미로 시멘트를 말합니다. 현대적인 시멘트(양회)가 만들어지기 이전에도 석회는 건축재나 벽을 바르는 소재로 널리 사용이 되었고, 이 단어에 '양'자를 붙여 새로운 단어가 탄생했습니다. 현재에는 쌍용양회(2021년에 '쌍용C&E'로 사명 변경)나 성신양회 같은 회사명 정도에만 흔적을 남기고 있고 시멘트란 말로 모두 대체가 되었으나 예전에는 양회란 명칭이 많이 쓰였었습니다.

종종 조선시대 미라가 발견되었다는 뉴스를 접할 때가 있습니다. 조선시대 무덤에서 미라가 나오는 것이 바로 석회와 관련이 있다고 합니다. 예전에는 무덤 안으로 물이 스며드는 것을 막고 또 해충들이 침입하지 못하도록 무덤 내부나 관의 사방에 두껍게 석회를 칠했는데 석회는 응고하면서 열을 발생시키므로 그로 인해 무덤이나 관 속은 건조한 상태가 되고 또 석회칠로 인해 방수, 방습이 됨에 따라 시신이 건조된 상태로 굳어져 미라화된다고 합니다. 매장을 하는 것은 시신이 자연 분해되어 다시 흙으로 돌아가게 하기 위함이니 시신의 미라화는 석회의 예기치 않은 부작용이었습다만 후대의 연구자들에게는 매우 중요한 자료를 제공한 셈이 되었지요. 이와 같이 석회는 예전부터 사용이 되었기에 시멘트가 들어왔을 때 이를 양회라고 부르게 된 것은 당시에 매우 자연스러운 일이었습니다.

누가 먼저라
할 수 없는 관계

그런데 생각해보면 재미있습니다. 사실 서양(西洋)뿐 아니라 동양(東洋)에도 마찬가지로 '양'이 들어가니 '양'이 꼭 서양을 뜻할 이유는 없습니다. 그런데도 우리는 서양의 줄임말로 '양'을 쓰는 것이죠.

이는 서양이란 단어가 만들어짐으로써 동양이란 단어가 파생적으로 생겨났기 때문에 '양'을 붙이는 것만으로 서양을 뜻하게 된 것이라 할 수 있습니다. 즉 서양과 접촉하기 이전에는 그냥 우리의 세상만이 있었을 뿐 동양이란 개념이 존재할 수 없었고 서양이란 말이 만들어짐으로써 동양의 개념도 생겨난 것입니다.

이와 같은 방식으로 상대적 개념이 생겨나는 원리를 태극의 예에서도 볼 수 있습니다. 우리는 태극기 안의 태극 문양(음과 양이 나뉘어져 있는 모양)을 태극이라 생각하지만 원래 태극이란 극이 없는 상태, 즉 음과 양이 나누어지기 이전의 상태를 말합니다. 즉 우주가 만들어지기 이전 태초의 상태가 태극인 것입니다. 그리스 신화에서 말하는 카오스 상태, 성경의 창세기에 따르면 하나님께서 '빛이 있으라' 하기 전의 상태, 천체물리학에서 말하는 빅뱅이 일어나기 전의 상태가 바로 태극이라 할 수 있습니다.

그런데 이 태극 상태에서 한 번의 움직임이 발생했는데 이것을 양(陽)이라고 합니다. 이렇게 양이라는 개념이 생기자 그 반대의 상태, 움직임이 없는 정적인 상태를 비로소 음(陰)이라고 표현하게 되었습니다. 굳이 따지자면 움직임이 발생하기 이전은 정적 상태였으므로 음이 먼저 있었다고 해야 하지만 양이란 개념이 생기기 이전에는 음이란 개념이 인식될 수 없고 따라서 그것을 지칭하는 표현도 존재할 수 없습니다.

즉 음과 양의 극이 나뉘지 않은 태극 상태에서 양(움직임)이 생김으로써 음(멈춰 있음)이란 개념이 생겨났는데 이것을 도식화한 것이 바로 태극 문양입니다. 양과 음은 서로 상대적인 개념이지만 맞서고 충돌하는 것이 아니라 서로가 서로를 품고 있는, 그래서 서로 의존적

태극음양도의 모습.

인 개념이라 할 수 있습니다. 따라서 태극 문양은 양과 음이 직선으로 이분되는 것이 아니라 양 속에 음이, 음 속에 양이 서로 파고들어가 있되 양이 가장 극성할 때는 음이 가장 적고 음이 가장 극성할 때는 양이 가장 적은 모습으로 나타납니다.

이처럼 상호 의존적이면서 한 쪽이 다른 한 쪽의 존재를 전제로 하는 개념은 많습니다. 밤과 낮, 여자와 남자, 오른쪽과 왼쪽 등이 그러하지요. 그런데 그런 개념 대부분은 그 둘이 상호 의존적이라는 점에서 어느 것이 먼저라고 하기 어렵습니다.

관계에 혼란이 온다면 모든 관계는 상호 의존적이라는 것을 기억하자

유교에서는 전통적으로 인간관계의 기본으로 세 가지 덕목을 강조했습니다. 군위신강(君爲臣綱), 부위부강(夫爲婦綱), 부위자강(父爲子綱)으로, 이 세 가지를 일컬어 삼강이라고 합니다. 여기서 강은 벼리 강(綱)입니다. 벼리란 그물의 위쪽 코를 꿰는 큰 줄을 말합니다. 벼리를 잡아당겨 그물을 오므렸다 폈다 해야 물고기를 잡을 수 있는 것이기 때문에 큰 사물의 핵심이 되는 부분, 즉 근본이 되는 부분을 벼리라고 말합니다.

상호 의존적이면서
한 쪽이 다른 한 쪽의 존재를
전제로 하는 개념은 많습니다.
밤과 낮, 여자와 남자,
오른쪽과 왼쪽 등이 그러하지요.
어느 것이 먼저라고 하기 어렵습니다.

따라서 군위신강을 풀어 말하자면 '임금은 신하를 벼리로 삼는다'라는 말입니다. 신하를 근본으로 삼는다는 말이지요. 마찬가지로 부위부강은 '남편은 아내를 근본으로 삼는다'라는 것이며, 부위자강은 '아버지는 아들을 근본으로 삼는다'는 말입니다. 삼강의 핵심은 임금에 있어서 신하가 중요하고, 아버지에 있어서 자식이 중요하고, 남편에 있어서 아내가 중요함을 일컫습니다. 그러나 이 말이 후대에서는 임금에게 충성해야 하고 아버지에게 효도해야 하며 아내는 정조를 지켜야 한다는 논리로 바뀌어 전달되고 있지요.

자식이 있어야 아버지가 있고, 신하가 있어야 임금이 있으며, 학생이 있어야 선생님이 있습니다. 한 쪽이 다른 한 쪽의 존재를 전제로 하는 관계인 것입니다. 누가 먼저라고 할 것이 없습니다. 우리는 이처럼 다양한 관계와 역할 속에 살아갑니다. 저 또한 누군가에게는 아버지였다가, 어떤 자리에서는 스승이지만 다른 자리에 가면 제자가 되기도 하고, 누군가의 선배이자 다른 누구의 후배이기도 하지요.

다양한 나의 역할과 나를 둘러싼 관계에 대해 의문이 들거나 힘이 드는 순간이 온다면, 모든 관계는 누가 먼저랄 것 없이 상호 의존적이라는 것을 기억해보기 바랍니다. 상대방이 있어야 비로소 나의 존재가 드러난다는 것을 인식한다면 관계가 바로 보이고 존중하는 마음도 가질 수 있을 것입니다.

【 05 】 선비의 밥상에서 삼겹살집 쌈바구니까지

○

상추잎을 모아 싸서, 상인이 짐을 실어 올리듯
두 손을 모아 쌈을 들어 올려,
숭례문이 활짝 열리듯 입을 떡 벌려 먹는데…

_유몽인, 《어우야담》 중에서

복잡한 과정도 값비싼 양념이 없어도 기막힌 맛의 탄생

무더운 여름날 점심 무렵 텃밭에서 갓 따낸 상추를 찬물에 설렁설렁 헹궈 소쿠리에 담습니다. 그 옆에는 풋고추가 빠질 수 없고 찬밥에 고추장이나 된장 또한 필수 조건이지요. 시원한 매미소리에 땀을 식히며 여럿이 둘러 앉아 상추쌈을 한입 가득히 베어 물면 세상에 어떤 진귀한 요리인들 이 맛을 당할 수 있을까요?

"한국의 대표적인 음식 문화는 무엇이라고 생각하십니까?" 이런 질문을 하면 김치나 불고기, 떡볶이 같은 대표적인 음식을 제시하는 분도 있고 한상 차림, 비벼 먹기와 같이 먹는 방식을 말하는 분도 있습니다. 여러 음식과 방식 가운데서도 저는 상추쌈이 한국 음식 문화의 중요한 특징을 대변한다고 생각합니다.

거추장스런 조리과정도, 값비싼 양념도 요하지 않으면서도 기막힌 맛을 내는 상추쌈은 한국을 대표하는 음식의 하나라 할 수 있습니다. 비슷한 문화권으로 비교적 식문화가 닮은 중국이나 일본에서도 찾을 수 없는 문화이지요. 호박잎, 케일, 콩잎도 있지만 대표적인 쌈 채소는 역시 상추입니다. 상추쌈은 우리 민족 고유의 음식 문화가 빚어낸 작품이라 할 수 있습니다.

상추는 중국을 거쳐 우리나라에 들어왔는데 아마 통일신라시대쯤에는 전래되었으리라고 추정됩니다. 고려시대 문헌에 이미 상추에 대한 기록이 등장하기 때문이지요. 우리나라 문헌에 상추가 처음 등장하는 것은 13세기 초,《향약구급방》이라는 책입니다. 이때부터 종종 상추에 대한 기록을 찾아볼 수 있습니다.

14세기에 살았던 원나라 시인인 양윤부란 사람의 시에 이런 구절이 있습니다.

거듭 말하노니 고려의 상추가 아름답다네

이 구절에 양윤부 스스로가 '고려 사람들은 상추로 밥을 싸 먹는다'라는 주석을 달아놓은 것으로 보아 고려 후기에 우리나라 사람들이 얼마나 상추쌈을 즐겨 먹었는지를 알 수 있습니다.

원나라는 지금의 몽골 민족이 세운 나라인데요. 원래 초원에서 유목을 하였으므로 식문화의 중심이 채소가 아닌 육식입니다. 이러한 문화 배경으로 인해 그들의 눈에 고려 사람들이 상추쌈을 즐겨 먹는 문화가 대단히 특이하게 비춰졌던 것 같습니다.

몇 해 전 방영됐던 〈기황후〉를 기억하실까요? 그 드라마에도 등장합니다만, 13세기 여몽전쟁이 패전하자 고려의 왕자들이 인질로 원나라에 잡혀가게 되어 그곳에서 성장한 후 고려로 돌아와 왕이 됩니다. 이때 원나라의 풍습과 언어가 고려에 많은 영향을 주게 되었습니다. 그러나 반대로 많은 고려 사람들이 원나라에서 살게 됨에 따라 원나라 사람들도 고려의 영향을 받게 됩니다.

당시 원나라에서는 고려양이라고 해서 고려 사람들의 복장을 따라한다든지 고려의 음식을 먹는다든지 하는 유행이 퍼졌습니다. 원조 한류라고도 할 수 있겠지요. 특히 고려의 많은 여성들이 공녀로 원나라 궁궐에 살게 되었습니다. 삶의 터전이 바뀌었다지만 식생활은 그대로 이어졌겠죠. 아마 상추의 씨앗을 가져가서 그곳에서 길러 먹은 것으로 보입니다. 상추쌈을 먹는 문화도 고려양의 하나로 원나라에 유입된 것이라 할 수 있습니다.

"무례하게 손바닥에 직접 올려놓고 싸 먹지 말라"

옛 기록에는 상추쌈에 대한 재미있는 이야기들이 여럿 있습니다. 16세기에 유몽인이 저술한《어우야담》이라는 책에 나오는 이야기를 들여다볼까요? 아주 말재주가 좋은 김인복이라는 사람이 상추쌈을 먹는 장면을 이렇게 묘사했다고 합니다.

> 기름진 땅에서 거름을 주고 비와 이슬로 키워낸 상추는 이파리가 연하고 부드럽지요. 이 상추를 좋은 소반에 넘치게 담아 놓습니다. 줄지어 늘어선 항아리에 볕이 따뜻하게 내리쬐고, 그 안에 가득 담긴 간장은 달기는 꿀맛 같고 색은 마치 말의 핏빛 같겠지요. 인천과 안산의 바다에서 잡은 밴댕이를 사다가 굽고 그 위에 기름장을 바르면 그 향기에 코가 비틀어질 정도입니다. 자, 그러면 손바닥에 상추를 편 뒤 수저로 밥을 한껏 떠 넣고, 붉고 단 간장을 발라서 거기에 잘 익힌 생선을 올려 놓고 상추잎을 모아 싸서, 상인이 짐을 실어올리듯 두 손을 모아 쌈을 들어 올려, 숭례문이 활짝 열리듯 입을 떡 벌려 먹는데…

군침이 돌 정도로 생생한 묘사 아닌가요? 윤기가 반지르르 도는 쌀밥과 싱싱한 재료로 쌈을 크게 싸서 입에 넣는 누군가의 모습이 눈

앞에 그려지는 듯합니다. 얼마나 맛깔나게 이야기를 했는지, 김인복의 말을 듣고 있던 사람이 자기도 모르게 따라서 입을 한껏 벌리다 갓끈이 끊어졌다고 합니다.

그런가 하면 선비들을 위한 점잖은 충고에서도 쌈 문화가 등장합니다. 18세기의 실학자 이덕무가 쓴《사소절》이라는 책이 있습니다. 선비가 일상생활에서 지켜야 할 사소한 예절에 대한 내용이죠. 일종의 매너 교본이라고 할까요. 복식이나 식사 등에 대한 내용이 등장하는데, 선비의 체면에 맞는 쌈 먹는 방식을 언급한 것이 재미있습니다.

> 상추·취·김 따위로 쌈을 쌀 적에는 손바닥에 직접 놓고 싸지 말라. 무례한 행동이 좋지 않기 때문이다. 쌈을 싸는 순서는 반드시 먼저 숟가락으로 밥을 뭉쳐 떠 그릇 위에 가로 놓은 다음 젓가락으로 쌈 두세 잎을 집어다가 뭉쳐 놓은 밥 위에 단정히 덮은 후 비로소 숟가락을 들어다 입에 넣고 곧 장을 찍어서 먹는다. 그리고 입에 넣을 수 없을 정도로 크게 싸서 볼이 불거져 보기 싫게 하지 말라.

손바닥에 직접 올려놓고 싸 먹는 걸 두고 무례한 행동이라고 이야기합니다. 조선시대 선비들이 요즘 사람들이 쌈을 싸 먹는 모습을 보면 무례하다고 혀를 끌끌 찰 일일지도 모르겠네요.

선비들이 제안하는 매너대로 쌈을 싸 먹어 보면 선비의 체면을 몸

소 체험해볼 수 있을까요? 오늘 식사 때는 싱싱한 상추를 준비해 조선시대 선비의 예절에 따라 쌈을 싸 먹어 보는 것도 재미있겠습니다.

"할머니, 왜 상치라고 불러요?"

어르신들이 상추를 상치라고 부르는 것을 들어 보신 분이 있는지 모르겠네요. 1988년까지는 상치가 표준어였는데 사람들이 더 많이 쓰는 상추를 표준어로 삼게 되었습니다. 표준어가 바뀌었지만 예전 표준어였던 상치를 사용하는 어르신들이 계십니다. 또는 지방에 따라서는 아직도 상치라고 하는 경우가 있지요. 사람들이 많이 쓰거나 서울말이라고 여겨져서 표준어로 채택했던 단어가 점차 잘 안 쓰이게 되고 새로운 단어를 사용하는 사람들이 많아지면서 그 단어가 힘을 얻게 되면 표준어가 바뀌기도 합니다.

고추, 배추, 부추처럼 채소류에는 '추'로 끝나는 단어들이 많이 있습니다. 이 중 고추를 제외한 나머지 단어들인 배추, 부추, 상추는 채소를 의미하는 한자 菜(나물 채)에서 유래했습니다. 이 글자의 옛날 발음은 아래아(ㆍ)가 들어있는 'ᄎᆡ'인데요. 이 발음이 지역에 따라 '치'로 되기도 하고 '추'로 되기도 했습니다. 상치와 상추도 그러한 경우입니다.

상추를 국어사전에서 찾아보면 지금은 한자 표기 없이 한글로만 표기가 되어 있지만, 예전에는 항상 상(常)자로 표기하기도 했었습니다. 그래서 상추를 두고 사람들이 '늘상 먹는 채소'라는 뜻이 아닐까 하고 오해를 하기도 했었지요.

제법 그럴싸한 추측이지만 정답은 아닙니다. 이렇게 사람들이 단어에 대해 언어학적인 근거 없이 '이 말은 어디에서 유래했다'라고 설명하거나 추측하는 것을 민간어원이라고 합니다. 만들어진 지 오래된 단어는 원래 의미를 대중들이 알 수 없게 되어 임의로 추측하게 되지요. 그러다 보면 그럴싸한 의미로 만들어져 널리 퍼지게 되는 것입니다.

상추의 '상'은 한자 生(날 생)에서 발음이 변한 것입니다. 이 글자의 옛날 발음도 아래아(ㆍ)가 들어 있는 'ᄉᆡᆼ'이었는데 이 경우에는 '상'으로 변화한 것이지요.

즉 상추는 生菜(생채)라는 한자어가 변화해서 만들어진 단어입니다. 익히지 않고 날로 먹는 채소라는 뜻에서 생채라는 이름이 붙여졌는데 그 발음이 상치, 상추 등으로 바뀌었습니다. 그리고 생채는 익히지 않은 나물이라는 의미로만 쓰이게 되어 무생채와 같은 식으로만 사용되고 있습니다.

상추라는 단어 하나에
얼마나 많은 시간과 문화가 담겼는지
그 깊이와 넓이에 대하여 생각해봅니다.

머나먼 문화권에서
식물이 전해지고,
크고 작은 텃밭에서,
밥상 위에서,
단어는 우리들 삶 속에
스며들어 있습니다.

와거와 부루,
임진왜란 이전에 불리던 상추의 옛말

상추의 원말인 생채가 중국에서 건너온 단어라면 그 이전에는 상추를 뭐라고 불렀을까요? 생채라는 단어가 차용된 것은 임진왜란 이후인데요. 임진왜란 이전에 우리 옛 문헌에는 상추가 부루라는 모습으로 나타납니다. 부루가 바로 상추의 옛말인 것이지요. 그러나 현대에도 지역에 따라 여전히 부루라는 단어가 쓰이기도 합니다. 특히 북한에서는 부루가 문화어로 인정되어 상추와 같이 사용되고 있습니다.

옛 문헌에서는 부루 외에 와거라는 명칭도 나타납니다. 지금은 와거란 말이 널리 쓰이지는 않지만 현재도 《표준국어대사전》에 엄연히 실려 있는 단어입니다. 《표준국어대사전》에서는 와거를 이렇게 이야기합니다.

와거(萵苣)

〈명사〉《식물》 국화과의 한해살이풀 또는 두해살이풀. 높이는 1미터 정도이며, 경엽은 어긋나고 근생엽은 큰 타원형이다. 초여름에 연누런빛 꽃이 원추(圓錐) 화서로 피고 열매는 작은 수과(瘦果)를 맺는다. 잎은 쌈을 싸서 먹는다. 유럽이 원산지로 전 세계에 분포한다.=상추.

와거라는 단어도 중국에서 차용된 단어입니다. 와거를 이해하기 위해서는 우선 한자의 간단한 특성에 대해 알아둘 필요가 있습니다. 한자는 글자 하나가 하나의 단어로서 독자적인 의미를 가지는 것이 일반적입니다.

가령 시장(市場)은 市(저자 시)와 場(마당 장)이란 두 글자가 합쳐져서 만들어졌습니다. '시'란 가게 건물이 있어 매일 그곳에서 장사를 하는 곳이고, '장'이란 빈터만 있는 곳에 특정한 날 사람들이 모여들어 물건을 사고파는 곳입니다. 조선시대 서울의 종로 거리에 있었던 육의전 같은 곳을 시전이라고 합니다. 현재에도 5일 간격으로 장이 서는 곳이 있지요.

우리는 이러한 예에서 '시'와 '장'의 의미를 쉽게 이해할 수 있습니다. 즉 '시'와 '장'은 의미가 구별되는 별개의 단어인데 이들이 합쳐져 시장이란 하나의 단어가 된 것입니다.

그런데 이와 달리 개별 글자의 의미는 없이 두 글자가 합쳐져야만 의미를 지니게 되는 예외적인 단어도 있습니다. 포도(葡萄)가 그렇습니다. 포도는 葡(포도 포)자에 萄(포도 도)자가 결합되었는데, 이 두 글자는 홀로 쓰이거나 독자적인 의미를 갖지 않습니다. 과일 포도를 나타내기 위해 葡(포)와 萄(도)라는 두 한자를 새로 만들고 이들을 붙여서 한 단어로만 사용하는 것이지요.

보통 중국에 없던 작물이 외국에서 들어오면, 이름을 붙여주기 위해 2음절의 새로운 단어를 만드는 경우가 있었는데요. 포도가 바로 그런 경우입니다. 그 식물을 나타내는 고유한 글자가 새로 생겨난 것이지요.

와거도 이와 같은 방식으로 만들어졌습니다. 즉 萵(상추 와)와 苣(상추 거)가 합쳐져 하나의 단어가 된 것이고 두 단어는 각기 별개로 사용되지 않습니다. 이러한 단어 구성은 와거(상추)도 포도처럼 중국 고유의 식물이 아니라 다른 나라로부터 들어온 것임을 짐작하게 합니다.

상추의 원산지는 유럽 내지 서아시아라고 합니다. 예전에 중국 서쪽, 지금의 아프가니스탄 부근으로 추정되는 곳에 있던 와(咼)라는 나라에서 상추가 들어왔다고 하는데요. 와 지역에서 들어온 채소라는 뜻에서 와채(咼菜)라고도 불리었는데, 세월이 흘러 사람들이 咼(와)의 의미를 이해하지 못하게 되면서 萵(와)라는 상추를 뜻하는 새로운 한자를 만들게 된 것이지요.

지금의 우리는 한자 萵苣(와거)가 葡萄(포도)와 같이 더 분석되지 않는 단어라고 이해하지만 애초에는 와(咼)에서 들어온 거(艹 아래에 豦를 쓴 글자)라는 뜻에서 와거라 불렀던 것으로 보입니다. 거는 상추가 들어오기 이전부터 중국에 있던 식물인데 상추처럼 잎을 식용하지만 상추보다는 잎이 가늘고 긴 식물입니다. 우리나라 옛 문헌에서는 이 식물을 샤라부루라고 하였습니다.

지금 보편적으로 사랑받는 문화는 어떻게 기억될까?

조선 후기의 실학자 유득공은 상추를 먹는 과정을 재미있게 묘사해 시를 남겼는데요, 그 시의 일부를 볼까요.

밥은 입 찢어지지 않을 만큼만 뜨고
상추잎은 손바닥 크기만큼 펴 놓고
장을 떠서 생선도 곁들여 얹고
푸른 부추에 하얀 파도 곁들이니
솟아오른 한 가운데 구멍은 꽃술을 머금은 듯
겹쳐 오므린 모양은 피지 않은 연꽃봉오리인 듯
어쩌다가 터지면 조개가 진주를 뱉어 놓은 듯
다시 싸면 (잎이 돌아간) 모습이 소라껍질인 듯
손에 있을 때엔 주름진 주머니더니
입에 들어와선 길고 둥근 베틀의 북일세.

어떤가요? 먹음직스러운 쌈 하나가 눈앞에 동동 떠 있는 것처럼 생동감 있게 묘사하지 않았나요? 당시의 생활상을 이렇게 진실한 형상과 언어로 표현한 작품은 흔치 않습니다.

상추쌈은 서민 문화를 대표한다고 생각하기 쉽습니다. 하지만 사대부들도 그 문화를 두고 시를 지어 남길 정도로 쌈은 보편적이고 또 사랑받은 문화였습니다. 그리고 여전히 삼겹살집에서, 횟집에서 상추쌈을 싸 먹는 우리 역시 그 문화를 이어가고 있습니다.

단어 상추에 대해 이야기를 하다 보니 우리 밥상 위 상추쌈에서부터 중국을 건너 서아시아까지 이야기가 뻗어 나갔네요. 상추라는 단어 하나가 오늘날 우리에게 전해져 사용되기까지 얼마나 많은 시간과 문화를 거쳐 왔는지 그 깊이와 넓이에 대하여 생각해봅니다. 머나먼 문화권에서 다른 문화권으로 식물이 전해지고, 수많은 사람들의 입에서 입으로, 크고 작은 텃밭에서, 밥상 위에서 상추는 변화하면서 또 변화하지 않으며 우리들 삶 속에 스며들어 있습니다.

"상추"라고 가만히 발음해보다 생각에 잠깁니다. 지금 우리가 향유하는 문화는 나중에 어떻게 기억될까요? 오늘날 삼겹살집에서 사랑받는 상추쌈이 진귀한 풍경으로 기억되는 날도 올까요? 갓끈이 끊어질 만큼 먹음직스럽던 상추쌈은 사람들의 변화하는 생활과 입맛에 따라 다양한 모습으로 나타나게 될 것입니다.

【 06 】 매일 사용하는 단어가 품은 수천 년 이야기

○

무심코 사용하는 말이 어디에서 유래되어
왜 이렇게 쓰이고 있는지를 알고 나면
주변 풍경이 달리 보이고 우리 사는 세상이
새롭게 느껴지는 신기한 경험을 하게 됩니다.

양치질이란 단어가 간직한 중국, 인도, 우리나라 수천 년 이야기

우리가 매일 쓰는 단어와 말 속에는 수천 년 동안 이어져 온 문화와 풍습과 삶의 방식이 녹아들어 있습니다. 무심코 사용하는 단어가 어디에서 유래되어 왜 이렇게 쓰이고 있는지를 알고 나면 주변 풍경이 달리 보이고 사람 사는 세상이 새롭게 느껴지는 신기한 경험을 하게 됩니다. 당연하다 생각하던 것들을 다시금 들여다보고 탐구하며 몰랐던 세계를 알게 되지요.

매일매일 사용하면서도 정작 그 유래를 모르는 단어는 아주 많습니다. 그 가운데는 양치질이 있습니다. 양치질이라는 단어의 유래를 이해하기 위해서는 인도에서 시작해 중국을 거쳐 우리나라로 이어지는 문화의 전파와 그 이면에 남아 있는 문화사적 이해가 필요합니다. 나아가 근대 이후에는 일본의 영향까지도 고려가 될 수 있다는 점에서 양치는 매우 흥미로운 단어이지요. 양치질이라는 단어 하나에 수천 년의 문화가 녹아들어 있는 셈입니다.

사람들이 지금처럼 칫솔을 사용하게 된 지는 오래되지 않았습니다. 치약도 마찬가지고요. 그전에는 입에 소금을 넣고 손가락으로 이를 문지르는 방식으로 이를 닦았습니다. 칫솔질은 칫솔을 사용하여 이를 닦는 행위를 말하고, 양치질은 칫솔이 없이도 이를 닦고 물로 입안을 가시는 행위 전반을 두고 말하지요.

저는 양치를 설명할 때 이 질문을 던지며 이야기를 시작하고는 합니다.

"양치는 한자어일까요? 순수 우리말일까요?"

이 질문에 대부분 사람들은 한자라고 대답합니다. 한자 중에 치아를 뜻하는 이 치(齒)자를 떠올리기 때문이지요. '수양하다, 봉양하다'를 뜻할 때 쓰이는 한자 기를 양(養)자에 이 치(齒)자를 쓰면 치아를 잘 닦는다는 뜻과도 딱 맞아떨어지고요.

그런데 정말 그럴까요? 국어사전을 보면 이렇게 되어 있습니다.

양치: 이를 닦고 물로 입 안을 가심. 한자를 빌려 '養齒'로 적기도 한다.

일반적인 한자어라면 양치(養齒)라고 제시하고 뜻풀이를 하면 되는데 양치라고만 제시하여 고유어인 듯이 처리되어 있고 "한자를 빌려 '養齒'로 적기도 한다"라고 설명을 달아놓았습니다. 이것은 양치의 어원에 다소 복잡한 문제가 있음을 암시합니다.

양지질은 어쩌다
양치질이 되었을까?

양치라는 말은 양지(楊枝)라는 말이 변한 것입니다. 양지는 버드나무 양(楊)과 가지 지(枝)로 쓰여 있는 것에서 알 수 있듯이 버드나무 가지를 의미합니다.

그런데 이것이 양치질과 무슨 관련이 있을까요? 다시 사전에서 양지를 찾아보겠습니다.

양지(楊枝): 나무로 만든 이쑤시개. 불교도들에게 냇버들 가지로 이를 깨끗이 하게 한 데서 유래한다.

양지는 단순히 버드나무 가지가 아니라 '버드나무 가지로 만든, 이 닦는 데 쓰이는 도구'를 뜻하는 말이었습니다. 이러한 풍습은 불교문화로부터 유래한 것이지요. 사전에서는 냇버들 가지라고 했는데, 사실 인도에서는 양치를 할 때 버드나무나 냇버들이 아닌 님나무(nimtree)를 사용한다고 합니다.

더구나 님나무 가지를 사용해 이를 쑤시는 것이 아니라 작은 님나무 가지를 씹는 것이라고 하네요. 핀란드 사람들이 자일리톨 성분이 있는 자작나무를 사용하여 양치를 하듯이 인도 사람들은 님나무를 사용했습니다. 인도의 이러한 문화가 불교를 통해서 중국을 거쳐 한반도까지 전파된 것입니다. 그런데 중국이나 우리나라에서는 열대지방에서 자라는 님나무가 없는 까닭에 쉽게 구할 수 없었으므로, 같은 효과를 낼 수 있는 식물로 대체하다 보니 버드나무를 이용하였지요.

즉, 음식물 찌꺼기를 제거하기 위해 버드나무 가지를 이용하였는데 그 도구를 재료의 명칭인 양지라고 부르게 되었고 그 도구를 사용하는 행위를 양지질이라고 했던 것입니다. 그러다 양지질이라는 말이 이를 닦거나 헹구는 행위 전반을 지칭하는 말로 바뀌었고, 시간이 더 많이 지남에 따라 사람들이 양지나 양지질이라는 말이 기원적으로 버드나무 가지와 관련이 있다는 사실을 인식하지 못하게 되었지요.

우리나라는 한자 문화권이었으므로, 한자어 가운데 '이'를 뜻하는

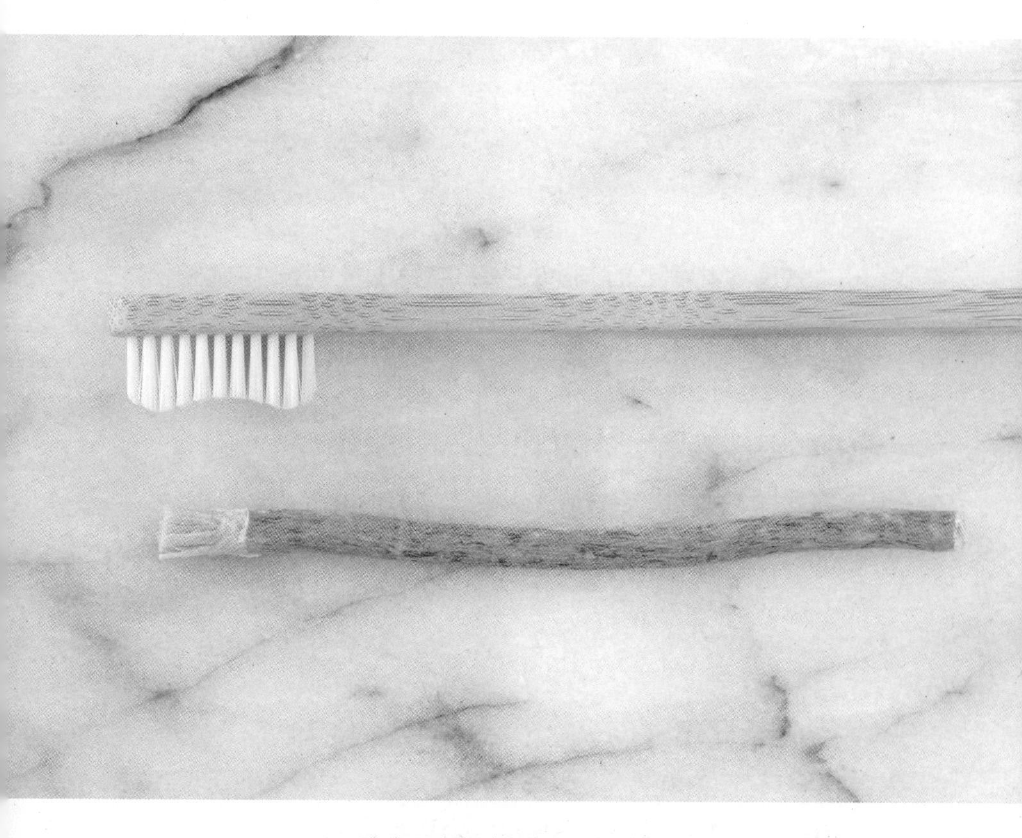

∘ 현재 우리가 사용하는 칫솔(위)과 옛 사람들이 사용한 버드나무로 만든 칫솔(아래).
양지는 단순히 버드나무 가지가 아니라 '버드나무 가지로 만든, 이 닦는 데 쓰이는 도구'를 뜻하는 말이었다.

이 치(齒)라는 한자가 있으니 세월이 흘러 양지라는 단어가 사람들 사이에 쓰이면서 '지'와 '치'를 혼동하여 쓰게 되었고, 양지나 양지질이 양치 내지 양치질이라는 말로 바뀌게 됩니다.

단어는 사람들의 삶 속에서 사용됩니다. 사람들의 생활 속에서 단어의 기원이 흐릿해지고 익숙한 문화의 영향을 받아 단어도 자연스럽게 변화합니다. 이는 수백, 수천 년의 세월이 흐르는 동안 일어나는 자연스러운 현상입니다.

양치를 하다가 들여다본
나의 얼굴이 낯설게 느껴진 경험을 해본 적 있나요?

양지를 일본 한자음으로 읽으면 요지가 됩니다. 양지라는 단어는 불교의 영향으로 일본에서도 사용이 되었습니다. 우리는 보통 요지라고 하면 이쑤시개의 일본어로 알고 있지요. 그러나 그 기원은 한자어 楊枝(양지)입니다. 한국어의 양치와 같은 어원을 가지고 있는 것입니다.

현대로 접어들면서 일본에서 나무를 작게 깎아 만든, 이를 쑤시는 도구를 공업적으로 대량생산하게 되었고 그 명칭을 요지라고 하였는데 우리나라에서는 일제시대에 쓰이던 그 말을 한동안 그대로 받아들여 요지와 이쑤시개란 말을 같이 사용하였었습니다. 요즘은 요지라는 말이 거의 사용되지 않지만 과거에는 이쑤시개를 말할 때 요지라는 말이 일상적으로 쓰였습니다.

일본어인 요지보다 이쑤시개라는 단어를 사용하여야 한다는 의식도 있었지요. 이러한 의식을 잘 보여주는 1975년 2월 25일에 발행된 〈경향신문〉 기사가 재미있습니다.

> 元首(원수)와 元帥(원수)를 구별하지 못하고 이쑤시개보다 요오지란 日語(일어)가 튀어나오는 靑少年(청소년)을 만들지 않기 위해서라도 (…)

청소년들의 국어 실력을 키워야 한다는 취지의 칼럼에서 이쑤시개보다 요지라는 말을 먼저 쓰는 일을 방지해야 한다는 이야기를 하고 있습니다. 무심코 많은 사람들이 요지라는 단어를 사용하고 있는 상황을 지적하면서, 자라는 어린 세대까지도 그런 행동이 이어지도록 해서는 안 된다는 의지가 느껴집니다.

요지를 비롯하여 일제 강점기를 거치며 일상적으로 쓰이던 일본어를 순화어로 대체하려는 시도는 여러 차례 있었습니다. 어떤 노력들이 있었는지, 그리고 사람들 사이에 쓰이는 말을 인위적으로 바꾸는 일이 얼마나 어려운지 다음 장에서 이야기해보겠습니다.

단어의 세계는 참 재미있습니다. 주변을 한번 둘러보세요. 모든 사물은 이름을 가지고 있지요. 그 하나하나 단어는 저마다 이야기를 간직하고 있습니다. 무심코 매일 쓰는 단어 하나도 이유 없이 만들어지지 않았다는 것을 알게 됩니다.

세면대 앞에 서서 양치질을 하려고 칫솔과 치약을 집어들었다가 가만 생각에 빠집니다. 이것들이 없던 시절에 양치를 하던 사람을 떠올려보기도 하고 양치를 하려고 깨끗한 냇버들 가지를 찾아 씹는 사람의 모습도 상상해봅니다. 음식점에서 이쑤시개를 찾는 어르신의 모습이 떠오르기도 합니다. 세면대 앞에서 수천 년 시간을 거슬러 상상을 해보다 마주치는 거울 속 나의 모습은 어쩐지 평소 보던 내 얼굴과 조금은 달라 보일지도 모릅니다.

[07] 이미 익숙해진 것을 바꾸는 일은 얼마나 어려운가

○

강요한다고 해서 사람의 마음은 쉽게 바뀌지 않습니다.
자연스럽게 스며들도록 하세요.
억지로 바꾸려다가는 외면당하기 마련입니다.

단어에도 생명력이 있다

생물체가 생명을 유지하여 나가는 힘인 생명력을 지니듯이, 단어에도 생명력이 있습니다. 세월이 변함에 따라 생명력이 다하면 서서히 사람들의 생활에서 쓰임이 사라집니다. 새로운 단어가 생명력을 얻어 활발히 쓰이기도 하지요. 이처럼 자연스럽게 단어가 생겼다가 사라지기도 하지만, 특정한 의도를 가지고 기존에 쓰던 단어를 사장시키고 새로운 단어로 대체하려는 시도가 있기도 합니다.

일제 강점기 잔재로 남은 일본어를 우리말로 대체하려는 노력이 그러하지요. 일본어를 우리말로 대체하기 위해 정부 차원에서 순화어를 몇 차례에 걸쳐 발표했었습니다. 그때 배포한 단어들 중에는 단무지가 있습니다. 단무지는 1950년대에 새로 만들어진 단어인데요. 일본어 다꾸앙을 대체하기 위해서였지요. 오이로 담근 김치를 오이지라고 하듯이 무로 담근 김치라 하여 무지라 하였고, 단 맛이 강하다는 점에서 '단+무지'라는 이름이 붙게 된 것입니다.

오늘날 우리는 콜라비로 담근 김치를 콜라비김치라고 부르지 콜라비지라고 하지는 않지요. 비트김치도 마찬가지입니다. 비트지라고 부르지는 않습니다. 그러나 1950년대까지만 해도 '지'란 형태가 새로운 단어 형성에 참여하며 여전히 생명력을 가지고 있었습니다. 오이지나 단무지를 보면 알 수 있지요. 그에 비해 지금은 과거보다 '지'란 말의 쓰임이 크게 줄어들었습니다.

단무지라는 단어가 쓰이게 된 시기는 1955년경부터입니다. 당시에 음식 이름에 일본어가 여전히 쓰이고 있었기 때문에, 치안국에서 이를 우리말로 통일하여 8월 10일부터 전국에서 일제히 사용토록 시달하였습니다. 당시 쓰이던 많은 일본어가 이때 우리말로 대체됐고 지금까지도 널리 쓰이고 있는 것이 많습니다.

여기서 주목해볼 점은 국어연구기관이나 사전편찬회가 아니라 오늘날 경찰청에 해당하는 치안국에서 이와 같은 조치를 시행하였다는 점입니다. 말의 영향력은 커서 일상 곳곳에 문화로 배어 있고 또 말은 사람들의 생각과 행동에 큰 영향을 주지요. 이때 대체하고자 하였던 것은 말과 글이기도 하지만, 일본의 말과 글이 사람들에게 심어놓는 생각과 문화라고 보아도 되겠지요.

언어를 인위적으로 바꾸는 일은 얼마나 어려운가!

일본어를 우리말로 대체하려는 시도가 1955년에 처음 있었던 것은 아닙니다. 1949년에 한글학회 한글전용촉진회에서 한글날을 맞아 간판 고치기 운동의 일환으로 순화어를 만들어 발표했습니다. 그중에는 다음 쪽의 표와 같은 단어들이 있었습니다.

그러나 이 순화어들은 정착해서 널리 쓰이지 못했습니다. 사람들이 순화어를 사용하지 않자 1955년에 일본어를 우리말로 순화해야 한다는 조치가 다시 행해졌습니다. 이때 발표된 말들은 1949년에 발표된 거의 대부분의 일본어가 다시금 포함되었습니다.

그중에는 단무지도 다시 들어 있습니다. 다꾸앙을 대신해서 왜짠지를 사용하자고 1949년에 이미 제시했었지요. 그러나 왜짠지는 사람들에게 널리 받아들여 사용되지 못했고, 사람들은 여전히 다꾸앙을 계속 썼습니다. 그러다 1955년에 제시된 단무지가 순화어로서 사람들에게 받아들여져 널리 쓰이게 되었지요.

사용되고 있던 일본어	대체하려던 우리말
스키야키	전골
스시	초밥
사시미	생선회
오뎅	꼬치안주
우동	가락국수
다꾸앙	왜짠지
우나기동	(뱀)장어덮밥
곤야구	곤약
앙꼬모찌	소떡
돈가스	저육카틀리트

이는 사람들이 익숙하게 쓰고 있는 언어를 인위적으로 바꾸는 일이 얼마나 어려운지를 잘 보여줍니다. 일제 강점기 때 행해진 일본의 정책 때문에 사람들은 일본어에 익숙해져 있었습니다. 익숙해져버린 말과 행동을 단숨에 바꾸기는 쉽지 않지요. 한 사람에게서도 그런데 다수가 공감하며 사용하는 말은 더욱 그렇습니다.

우리나라는 일제 강점기라는 역사적 특수성을 겪었기 때문에 우리말로 순화하는 것이 필요한 시기가 있었습니다. 우리말로 순화하려는 노력은 중요합니다. 하지만 자칫 그러한 태도가 너무 지나쳐 억지로 어색한 우리말 표현을 만들어내면 그 단어들은 언중의 선택을 받지 못하고 사라지게 됩니다. 당시 사용되던 일본어를 우리말로 대체하려 했지만 언중에게 외면받은 단어들도 그렇습니다.

현재 많은 외래어들이 쓰이고 있지요. 무분별하게 외래어를 남용하는 것은 경계해야 합니다. 그러나 외래어라고 해서 무조건 배격해야 하는 것은 아닙니다. 다른 나라 말이라고 하더라도 우리말로 자연스럽게 쓰여 동화되면 외래어로 자리 잡을 수 있습니다. 그 말들은 언중의 선택을 받았기 때문에 살아남았다고 할 수 있습니다.

당시 우리말로 대체하려고 했지만 언중의 선택을 받지 못하고 계속 쓰였던 일본어로는 스끼야끼, 쓰기다시, 돈가스 등이 있었습니다. 이 단어들은 각각 왜전골, 간이안주, 저육카틀리트·제육튀김 등으로 대체어가 제시되었지만 자리를 잡지는 못했습니다. 돈가스의 경우 1996년까지도 문화체육부에서 대체어를 고시했지요.

> 돈가스, 돈가쓰, 돈까쓰 대신에 될 수 있으면 순화한 용어 돼지고기너비튀김, 돼지고기너비튀김밥, 돼지고기튀김, 돼지고기튀김밥을 쓰라.

식당에 가서 돼지고기튀김이나 돼지고기너비튀김을 주문하면 사람들은 그것을 돈가스로 이해하지 않을 겁니다. 다른 새로운 음식이 있다고 생각하겠지요. 사람들이 받아들이기 어려운 어색한 순화어를 제시하고 아무리 그것을 강요하여도 소용이 없음을 알 수 있습니다. 일상에서 자주 쓰는 말이 어색하다면 자연스럽게 사용하기가 어렵습니다.

우동은 우동이고
가락국수는 가락국수다

순화어로 대체하려는 여러 차례 시도에도 불구하고 여전히 일본어 단어들은 익숙하게 쓰였습니다. 그러자 1972년이 되어서 서울시에서는 요식업소의 메뉴를 우리말로 고치도록 시정명령을 내리고 이를 지키지 않으면 영업정지 등 행정처분을 하겠다고 경고했습니다. 그 정도로 여전히 일본어가 널리 사용되고 있었지요.

다음 쪽에 당시 사용되고 있던 일본어와 대체하려던 우리말 목록이 있습니다. 이 단어들 가운데는 대체된 단어도 있고, 영업정지와 같은 강력한 경고에도 불구하고 살아남은 단어도 있습니다. 대표적으로 우동과 돈가스가 살아남아 널리 쓰이고 있지요. 우동, 돈가스는 순화어로 제시된 형태인 밀국수, 포크스틱이 적절치 않았고 이에 대한 적절한 순화어가 없었기 때문에 현재까지도 여전히 쓰이고 있습니다.

순화어로 제시한 단어가 사람들의 선택을 받지 못하고 사라지기

사용되고 있던 일본어	대체하려던 우리말
소바	메밀국수
모리소바	메밀사리
우동	밀국수
돔부리	덮밥
돈까스	포크스틱
오뎅	꼬치
뎀뿌라	튀김
가마보꼬	생선묵
고노와다	해삼젓
스끼야끼	전골
시오야끼	소금구이
다마네기	양파
요지	이쑤시개
시보리	물수건
하찌모리	모듬요리

도 하지만, 기존에 쓰이던 말과 순화어가 각각 살아남아 별개의 의미를 획득하기도 합니다. 가락국수가 그렇습니다. 가락국수는 일본어 우동을 대체하기 위해 제시된 순화어이지만 별개의 의미를 획득해

현재까지 사용되고 있지요.

제 고향은 대전입니다. 제가 어렸을 때 대전역의 가락국수는 전국적인 명물이었습니다. 기차가 잠시 정차하는 사이 플랫폼에 위치한 간이식당에서 가락국수를 사 먹는 것이 당시 대단한 유행이었습니다. 그런데 그때 저는 가락국수를 먹으면서도 그것이 우동과 같은 음식이라고 생각한 적이 없습니다. 대학원 다닐 때쯤에야 가락국수가 우동의 순화어라는 사실을 알고 적잖이 놀랐었지요.

저뿐만 아니라 대부분의 사람들이 그랬습니다. 우동과 가락국수는 다른 음식이라 생각했어요. 1980년대에도 가락국수와 우동은 별개의 음식으로 인식되었던 것입니다. 그러한 인식은 현재도 이어집니다. 어른뿐만 아니라 요즘 아이들도 우동과 가락국수는 다른 것이라고 인식하고 있습니다. 해방 이후 우동의 순화어로 만들어졌던 가락국수가 우동과는 별개의 길을 걸어오면서 이제는 우동과는 엄연히 다른 국수의 한 종류로 자리매김했습니다.

자연스럽지 않으면 아무리 강요해도 받아들여지지 않는다

대체하려던 우리말을 보면 조금 의아한 단어가 있지 않나요? 왜 오뎅을 꼬치로 바꾸려 했을까요? 지금 우리의 관점에서 보면 꼬치는 오뎅을 대치할 수 있는 말이 아닙니다. 그럼에도 왜 1949년과 1955년, 심지어 1972년까지도 오뎅의 순화어로 꼬치를 계속 내어놓았던 것일까요? 저 또한 처음에는 왜 오뎅의 순화어로 꼬치를 선택했는지 의아했지만 맥락을 알고 난 후론 의문이 풀렸답니다.

원래 일본어에서 오뎅은 여러 종류의 어묵, 무, 쇠힘줄, 유부, 각종 해산물, 야채 등을 가쓰오부시 등으로 끓여낸 국물에 넣어 만든 전골요리를 말합니다. 일본에서는 요리 자체를 부르는 오뎅이, 현재 우리나라에서는 탕에 든 낱개의 어묵을 부르는 말로 쓰이고 있고 탕 전체를 오뎅탕이라고 부르고 있지요.

염상섭의 대표작인《삼대》에는 원래 의미인 요리로서의 오뎅이 등장합니다. 소설을 통해 1930년경에 이미 서울에 전골요리인 오뎅을 파는 집이 있었던 것을 알 수 있어요.《삼대》는 1931년 1월 1일부터 〈조선일보〉에 연재되었는데, 1월 2일에 발표된 2회차 연재분에 오뎅이 나옵니다. 주인공 조덕기가 친구인 김병화에게 이끌려 빡커쓰(酒神)라는 간판이 붙은 술집에 들어가는데 병화가 말합니다.

"여긔는《오뎅》하고 술뿐일세."

재미있는 것은 대화가 나온 뒤 소설에 등장한 단어가 무엇인지 설명을 따로 하고 있다는 점입니다.

> 《오뎅》이란 것은 두부 종류의 것을 장물에 삶은 일본 료리다.

당시에 이미 서울에서 오뎅 요리를 파는 집이 있었지만 일반인들은 오뎅이 무엇인지 잘 모르고 있었음을 알 수 있습니다.

그런데 《삼대》가 출간된 1931년에서 불과 10년도 지나지 않은 1938년 5월 14일 〈조선일보〉 기사를 보면 오뎅이 매우 일반화된 음식이 되었다는 것을 알 수 있습니다.

> 근자에 종로 뒷골목을 도라보면 녯날 선술집 대신 오뎅집이 웬걸 그러케 만히 생겻는지.

이때까지도 오뎅은 전골요리를 의미하는 것이었습니다. 이러한 인식은 1949년과 1955년에 순화어를 만들 때까지도 유지되었던 것으로 보입니다.

해방이 되고 일본어에 대한 순화어를 만들면서 오뎅을 대체할 말을 찾게 되었지요. 오뎅이라 부르던 전골요리 속에는 여러 가지 음식재료가 들어갔는데 그것들을 꼬치에 꿰어서 넣는 것이 일반적입니다. 음식재료를 꼬치로 꿰어 한데 넣어 끓인 전골요리이니 이것을 꼬치라고 순화하자는 주장이 나왔습니다. 순화어를 제시한 이후로 신문 등에서는 '꼬치(오뎅)'과 같이 꼬치와 오뎅을 병기하기도 하였습니다.

그런데 1950년대와 1960년대에 들어서면서 오뎅이라는 말이 우리나라에서 변화하기 시작합니다. 오뎅이라 부르던 전골요리에 들어가는 재료 중 생선 살 등으로 만든 여러 종류의 것(일본어로는 형태에 따라 각기 다른 이름이 있습니다), 즉 현재 우리가 어묵이라 부르는 것만을 오뎅이라고 부르게 된 것입니다.

1962년 2월 1일 〈경향신문〉 기사를 보면 오뎅이 더 이상 전골요리가 아니라 어묵의 의미로 쓰이게 되었음을 알 수 있습니다.

> 보사부는 31일 서울 시내 11개 꼬치(오뎅) 제조공장의 위생검사를 실시토록 시당국에 지시했다.

전골요리인 오뎅을 꼬치로 대체하자고 순화어가 제시되었지만 사람들 사이에 받아들여지지 않았고, 전골요리 속 음식재료인 어묵을 오뎅이라 불렀어요. 그러면서 오뎅과 꼬치는 각자의 길을 가게 됩니다. 오뎅은 어묵의 의미를 지닌 말로, 꼬치는 닭꼬치, 양꼬치, 떡꼬치, 어묵꼬치(오뎅꼬치)와 같이 꼬챙이 꽂은 음식 모두를 칭하는 말로 변화합니다. 새로운 순환이 이루어진 것이지요. 현재에 와서는 오뎅이 곧 어묵으로 굳어졌지요.

이렇듯 "왜 이 말이 이렇게 쓰였을까?""왜 이렇게 바꾸려고 했을까?" 의문이 들 때 논리적으로 이해가 되지 않는 일들이 있습니다. 현재의 관점에서 생각하기 때문이지요. 그러나 당시 사람들의 관점과 삶의 방식을 알고 나면 이해하게 됩니다. 그것이 타당한지 혹은 옳은지 그른지 여부를 떠나 맥락상의 앎을 터득하게 되는 것이지요.

단무지가 뭔지 모르면서 단무지 공장 건설 지원을 위해 모인 사람들

순화어 이야기를 하다 보니, 단무지에서 시작해 꼬치까지 이야기가 넓어졌네요. 다시 단무지 이야기로 돌아가 보겠습니다. 단무지가 자리를 잡는 과정도 많은 시간이 필요했습니다. 1975년 10월 23일자 〈경향신문〉에는 단무지와 관련하여 재미있는 일화가 소개됩니다.

> 이 자리에서 일부 회원들이 단무지가 무엇인지를 몰라 이에 대해 說往說來(설왕설래)하던 중 때마침 초청 연사인 南悳祐(남덕우) 부총리가 입장하자 자리에 앉기도 전에 한 회원이 다짜고짜 "부총리께서는 단무지가 무엇인지 아느냐"고 묻자 갑작스런 질문에 당황한 듯한 南

(남)부총리가 "글쎄, 모르겠다"고 겸연쩍게 대답. 결국은 옆에 있던 朴忠勳(박충훈) 회장이 "단무지가 바로 다꾸앙"이라고 대신 답변함으로써 단무지 논쟁은 폭소로 일단락.

'단무지 논쟁 폭소로 일단락'이라는 제목의 기사 내용에 따르면 단무지 공장 건설지원을 협의하던 자리에 모인 사람들이 단무지가 무엇인지 몰라 서로에게 질문하던 중 누군가 '단무지가 다꾸앙'이라고 알려주어 일동이 폭소하였다고 합니다. 이 기사를 통해 단무지라는 단어가 다꾸앙을 대체하기 위해 1950년대에 만들어졌지만 1970년대까지도 널리 쓰이지 않고 있었음을 알 수 있습니다. 그러나 요즘은 반대로 젊은이들이 다꾸앙이 무엇이냐고 묻는 정도가 될 만큼 단무지가 힘을 얻었습니다.

《표준국어대사전》에는 다꽝, 다꾸앙, 다쿠앙을 모두 표제어로 올려놓고 단무지 항목으로 가라고 표시를 해놓았습니다. 일본어로는 沢庵(澤庵, 한국 한자음으로는 '택암')으로 적고 그 발음은 [takuan]이니 외래어 표기법에 따르면 다쿠앙이 적절하겠으나 실제로 다꽝이나 다꾸앙이 많이 쓰였기 때문에 이와 같이 처리를 해놓은 것이지요.

그런데 일본의 한자 표기는 음식 이름이라기에는 매우 이상합니다. 이 단어는 沢庵宗彭(다쿠앙소호)라는 스님의 이름에서 유래합니다. 다쿠앙 스님이 만든 절임음식이라는 뜻에서 沢庵漬け(다쿠앙츠

케)라고 불렀어요. 다쿠앙츠케에 대해서는 다쿠앙 스님이 처음으로 만들었다는 설과 원래는 간사이 지방의 음식이었는데 다쿠앙 스님을 통해 간토 지방에 널리 소개된 것이라는 설이 있다고 하는데 어느 쪽이든 다쿠앙 스님으로 인해 이 명칭이 만들어지고 널리 보급된 것임은 분명합니다.

일본 동경대학 특임준교수 시절 다꾸앙 김밥의 추억

저는 2014년에 연구년을 맞아 동경대학에 파견을 나가 그곳에서 학생들을 가르친 적이 있습니다. 동경대학 대학원 인문사회계에 한국조선문화연구전공 과정이 개설되어 있는데 그곳의 특임준교수로 1년 동안 지냈었습니다. 당시 가족이 모두 일본에 가서 생활을 했습니다.

어느 날인가 아이들이 김밥을 먹고 싶다고 하기에 김밥 재료를 사러 슈퍼마켓에 갔습니다. 당근, 계란, 김, 시금치 등등 다른 재료는 모두 구입을 했는데 단무지가 없는 겁니다. 어렸을 때 단무지를 다꾸앙이라고 불렀으니 단무지가 일본의 다꾸앙이라고 굳게 믿고 있던 저는 일본 슈퍼마켓에 당연히 단무지가 있을 것이라 기대했던 것이지요.

냉장 식품 코너를 몇 바퀴 돌고 난 끝에 겨우 쭈글쭈글해서 볼품도 없고 색깔도 희여멀건해서 맛도 별로 없어 보이는 무절임을 찾아내었고 급기야 아내에게 전화를 했습니다. "아무리 찾아도 단무지는 없고 이상한 단무지 비슷한 것밖에 없는데 그거라도 사 갈까?" 하고 말이지요.

일본의 다쿠앙츠케와 현재 우리가 먹는 단무지는 차이가 있습니다. 다쿠앙츠케는 무를 소금과 쌀겨에 절여서 만들기 때문에 무의 수분이 많이 빠져나가 식감이 꼬들꼬들합니다. 한국으로 치면 단무지와 무말랭이의 중간쯤 되는 식감입니다. 이에 비해 지금 우리가 즐겨 먹는 단무지는 무를 설탕과 식초에 절여 만들고 노란색 색소를 입힌 것이 가장 일반적입니다. 색소를 넣지 않은 흰 단무지도 있으나 역시 단무지의 전형은 노란 단무지죠.

김밥에 단무지가 없으면 안 되니 그거라도 사 오라는 말에 다꾸앙을 사 갔습니다. 아내도 "이걸로 김밥이 될까?" 하면서 김밥을 말았는데 결과는 생각보다 괜찮았습니다. 단무지를 넣은 김밥만은 못하지만 다꾸앙 김밥도 특유의 식감으로 인해 먹을 만했습니다. 일본에서 지내는 1년 동안은 다꾸앙 김밥을 먹었습니다.

그러나 한국에 돌아온 후에는 다시 단무지로 복귀했습니다. 다꾸앙 김밥이 먹을 만하기는 했지만 단무지 김밥에 익숙해진 입맛이 쉽게 바뀌지 않기 때문이지요. 자연스럽게 받아들여지지 않으면 바뀌지 않는 것은 입맛도 단어도 마찬가지인가 봅니다.

'왜 이 단어가 이렇게 쓰였을까?'
논리적으로 이해가 되지 않는 일들이 있습니다.
현재의 관점에서 생각하기 때문입니다.
그러나 당시 사람들의 관점과 삶의 방식을
알고 나면 이해하게 됩니다.
그것이 옳은지 그른지 여부를 떠나
맥락상의 앎을 터득하게 되는 것이지요.

【 08 】 내가 생각하는 국어학자의 역할

○

앞장서서 사람들을 끌어가는 것이 아니라
사람들이 가는 방향을 뒤쫓으며 확인하는 것이
국어학자의 역할이라 생각합니다.

나라마다 다른 외래어를 대하는 태도

최근에 저는 무슨 의미일까 한참 생각하고 나서야 무엇을 말하는 단어인지 깨달은 경험이 있습니다. 바로 넷토후리쿠스(ネットフリックス)라는 단어입니다. 일본어에는 외래어가 많은데 일본어의 발음 체계에 따라 표기하다 보니 한국 사람에게는 낯설고 이상하게 느껴질 때가 많아요. 맥도날드를 마쿠도나루도(マクドナルド)라고 한다든지, 빅맥을 빗쿠맛쿠(ビックマック)라고 한다는 사실은 널리 알려져 있고 우스갯소리의 소재로 활용되기도 하지요. 일본으로 유학 갔던 어느 후배는 일본어를 공부하는 고충에 대해 토로하며 가타가나로 쓴 외

래어가 제일 어렵다고 말을 하더군요.

외래어에 대한 태도는 나라들마다 좀 다른 경향성이 있습니다. 일본은 굉장히 외래어를 많이 쓰는 문화예요. 상대적으로 외래어에 대한 거부감이 그렇게 심하지 않은 나라입니다. 웬만한 단어들은 그대로 받아들여서 발음대로 표기합니다. 다만 보통의 일본어를 표기하는 히라가나가 아니라 가타가나로 표기하는 것이 일반적이어서 그것이 외래어라는 사실은 분명히 나타냅니다.

일본의 경우와 반대로 되도록 외래어를 사용하지 않고 자국어로 바꾸어 쓰는 나라도 있습니다. 프랑스가 대표적인 경우인데요. 프랑스에서는 가능한 한 영어 단어를 그대로 쓰지 않고 자국어화하려고 합니다. 예를 들어 컴퓨터를 프랑스어로 ordinateur라 하는데 이는 영어 단어 computer 내지는 그것의 직역어라 할 수 있는 계산기란 의미의 calculateur를 대체하여 만들어진 단어입니다. 프랑스 IBM의 요청에 따라 장자크 페레라는 학자가 1955년에 만든 단어라고 합니다. 영어단어 order(주문하다, 명령하다), organize(준비하다, 조직하다)라는 의미를 지니는 라틴어 단어 ōrdinō에 바탕을 두기는 하였으나 신조어를 만들어낸 것이지요. 한편 하드웨어는 matériel, 소프트웨어는 logiciel이라고 하는데 이 역시 영어 단어에 대응하기 위해 만들어낸 단어들입니다. 프랑스에서도 요즘에는 외래어, 특히 영어에 대한 거부감이 많이 줄었다고 하지만 기본적으로 외래어를 받아들이는 태도는 가능한 한 자국어로 바꾸어 쓰는 방향입니다.

학자들이 앞장서 "이쪽으로 갑시다" 하는 것은 바람직하지 않다

우리나라의 상황은 어떨까요? 우리나라에는 외래어에 대한 배척과 선망 이 두 가지 태도가 공존하고 있는 것 같습니다. 우선은 외래어에 대한 배척입니다. 우리나라는 일제 강점기를 거치면서 일본어가 대량으로 유입이 되었는데 해방 이후에는 그러한 일본어 잔재를 몰아내기 위한 운동이 거국적으로 벌어지게 됩니다. 그러면서 국어 순화라는 개념도 만들어지고, 고유어 사용을 위한 소위 한글 운동이라는 움직임도 나타나게 되지요.

일제 강점기를 겪으며 고유어를 존중하는 태도가 필요했습니다. 그러나 고유어를 존중해야 한다는 주장만 앞세워 인위적으로 바꾸려고만 하면 성공하기가 어렵습니다. 우리는 고유어를 존중해야 한다는 주장만 앞세운 국어 순화 사례로부터 다양한 실패 경험을 확인할 수 있습니다. 컴퓨터 관련 용어를 고유어로 순화하자는 주장에 따라 하드웨어를 굳은모, 소프트웨어를 무른모라고 부르자는 견해가 있었으나 현재 이를 따르는 사람은 없지요. 굳은모, 무른모는 직관적으로도 쉽게 이해되지 않는 데다가 하드웨어, 소프트웨어를 너무 형식적으로 직역한 느낌입니다.

저는 무분별한 외래어 남용도 문제이지만 외래어는 가능한 한 배격하고 고유어로 바꾸어야 하며 심지어 이미 들어와서 널리 쓰이는 단어까지도 모두 고유어로 순화해야 한다는 주장도 바람직하지 않다고 생각합니다. 특히 한자어를 고유어로 대체해야 한다는 주장에 대해서는 학계에서 많은 논쟁이 있었기도 합니다.

학문적으로 어느 쪽이 옳다고 쉽게 판정할 수 없는 문제입니다. 옳고 그름의 문제가 아니라 선택의 문제고 가치관의 문제이기 때문입니다. 언어라는 것은 자연스럽게 언중들에 의해서 받아들여지고 변화해가는 것인데, 억지로 인공적인 신조어를 만들어서 그걸 강요해서는 안 됩니다. 물론 그렇게 만들어진 단어가 사람들에게 수용되고 자리를 잡아 굳어진다면 그것 또한 막을 필요는 없습니다.

즉, 언중들의 동의를 얻는 자연스러운 변화를 따라야 하지 주장을 앞세워 인위적으로 언어를 통제하려는 것은 옳지 못할 뿐 아니라 성공할 수도 없습니다. 학자들이 앞장서 어떤 방향성을 제시하면서 "이쪽으로 갑시다" 하다 보면 자신의 가치관이나 이데올로기가 들어갈 수밖에 없고 그것은 언중들의 동의를 얻기 어려운 방향일 가능성이 많습니다.

결론은,
언중은 항상 옳다

우리나라는 국어학자들이 앞에 나서서 국어 문화 운동을 이끌어가는 것이 필요했던 시기도 있었습니다. 일제 강점기라는 역사적 특수성을 겪었기 때문이지요. 1930년대 후반, 일제는 조선을 일본에 동화시키기 위해서 소위 내선일체 정책이라는 것을 실시합니다. 문화나 의식, 사회의 구조를 전부 다 일본식으로 바꾸겠다는 것입니다. 이를 위해서 창씨개명을 시키고, 신사 참배를 강요하기도 했습니다. 우리 민족이 겪은 아픔의 역사이지요.

그 일환으로 나온 것 중 하나가 국어 상용 운동입니다. 여기에서의 국어는 일본어를 의미합니다. 당시 학교에서 시행하고 있던 조선어 수업을 폐지하고, 공식적인 자리에서는 일본어만을 항상 사용해야 한다고 못박았습니다.

그러면서 조선어 교육이 전면 철폐되고, 우리말로 된 출판물과 신문을 전부 폐간시킵니다. 그런 세월을 5~6년 버틴 끝에 1945년에 이르러 마침내 해방을 맞이했습니다. 그런데 뜻하지 않은 문제가 생깁니다. 일제 강점기 때 받은 학교 교육으로 인해 초등학생들이나 중고등학생들이 조선어 대신 일본어가 더 익숙한 상태가 된 것이죠. 집에서는 우리말을 쓴다고 해도, 글을 읽고 쓰는 등 학문적인 활동은 모두 일본어로 진행됐기 때문에 한동안 문제를 겪을 수밖에 없었습니다.

그러면서 뺏겼던 우리말에 대한 반항심이랄까, 억눌렸던 공감대가 폭발하게 됩니다. 우리 것을 지키고 구조해야 한다는 운동이 시작되고, 나아가 우리 것이 최고라는 다소 국수적인 태도까지 나타납니다. '국어 사랑 나라 사랑'이라는 표어의 등장은 한국어와 한국을 동일시하는 입장을 반영합니다. 이러한 입장이 극단화되면 외래어는 물론 한자어까지 배제하고 고유어만을 사용해야 한다는 주장에 이르게 되지요.

이러한 입장이 북한에서 더 크게 강조되었습니다. 북한은 외래어를 배제하고 가능한 고유어를 쓰자고 고집하는 것으로 유명합니다. 한때 라면을 꼬부랑국수라고 한다거나, 아이스크림을 얼음보숭이라고 부른다는 이야기가 전해지기도 했습니다. 그런데 실제로 탈북자들의 말을 들어보면 와전된 부분이 있는 것 같습니다. 한때 북한에서 우리말 순화 작업이 대대적으로 일어났던 것은 사실이지만, 그때 만들어진 단어들이 모두 정착하지는 못한 것입니다. 이는 언어는 억지로 누군가 바꾸려 한다고 해서 바뀌지 않는다는 것을 여실히 보여줍니다. 결론은 언중은 항상 옳다는 것입니다.

내 생각이 틀렸고
다른 사람들이 맞을 수도 있다

우리나라 국립국어원에서는 꾸준히 우리말 순화 자료를 발표하고 있습니다. 그 중에는 살아남는 것도 있고 그렇지 못한 것들도 있지요. 순화에 성공한 대표적인 말은 갓길입니다. 이전까지는 길 로(路)에 어깨 견(肩) 자를 써서 노견이라는 일본식 단어를 썼습니다. 이를 한때는 길어깨로 직역하였었는데 이 말은 정착하지 못했고 지금은 갓길이란 말이 성공적으로 정착했습니다.

학문별로도 우리말을 순화하기 위한 움직임이 일어났고, 성과도 있었습니다. 학문 가운데 우리말 순화를 가장 먼저 실시한 부문은 수학입니다. 1950년대 이전에 나온 수학책에는 일본식 한자어가 대부분이었는데, 이를 고유어로 바꾸어나갔죠. 삼각형과 사각형은 세모와 네모로, 능형과 제형은 마름모꼴과 사다리꼴로 바꾸게 됩니다. 지름과 반지름도 이렇게 해서 바뀐 우리말 표현 중에 하나이고요. 이렇게 수학에서는 고유어가 자리를 잡게 되었습니다.

한국사에서도 우리말 순화에 나섭니다. 제가 학교에 다닐 때만 해도 목관묘, 옹관묘 등과 같이 한자어로 역사를 배웠습니다. 이제는 각각 널무덤, 독널무덤으로 표현하고 있지요. 석실분은 돌방무덤으로, 부장품은 껴묻거리로 바꾸어 쓰는 것 역시 순화 작업의 일환입니다.

그러나 이 두 분야가 성공적으로 순화에 성공할 수 있었던 것은 교육이라는 특수성 덕분입니다. 교과서에서 용어를 바꾸어 전달하게 되면 학생은 의문의 여지없이 받아들이게 되니까요. 그렇지만 일상용어일 때는 이렇듯 순화를 억지로 강요할 수는 없겠지요.

제가 생각하는 국어학자 역할은 이렇습니다. 앞장서서 "이쪽으로 오시오" 하고 사람들을 끌어가는 것이 아니라, 사람들이 가는 방향을 뒤쫓아 가면서 확인하는 거죠. 다만 그 방향이 어딘가 잘못된 방향으로 가고 있다면 "이건 생각해볼 필요가 있지 않을까요?"라고 이야기할 수는 있겠지만, 그렇다 하더라도 사람들의 선택을 바꿀 수는 없습니다. 제 생각이 틀렸고 사람들의 방향이 맞는 것일 수도 있으니까요.

그런데 현재는 외래어를 고유어로 순화하자는 주장보다 외래어에 대한 선망이 더 큰 듯합니다. 그 결과 외래어를 남용하는 태도가 더 큰 문제가 되고 있습니다.

제 부모님 결혼사진을 보면 두 분은 신신예식장에서 결혼을 하셨더군요. 저는 대전에 있는 모 웨딩홀에서 결혼을 했습니다. 제가 최근에 다녀온 결혼식장은 '더채플앳논현'이라는 곳이었습니다. 한글로 써 있어 처음에는 무슨 뜻인가 의아했습니다. 'The chapel at 논현'이란 의미더군요. 정관사 the에 전치사 at까지 상호에 그대로 쓰는 지경이 되었습니다.

제가 생각하는 국어학자 역할은 이렇습니다.
앞장서서 사람들을 끌어가는 것이 아니라,
사람들이 가는 방향을 뒤쫓아 가면서 확인하는 거죠.

다만 그 방향이 어딘가 잘못되었다면
"이건 생각해볼 필요가 있지 않을까요?"라고 이야기할 수는 있겠지만,
그렇다 하더라도 사람들의 선택을 바꿀 수는 없습니다.
제 생각이 틀렸고 사람들의 방향이 맞는 것일 수도 있으니까요.

이러한 바탕에는 외래어에 대한 선호와 선망이 숨어 있습니다. 예식장보다는 웨딩홀이 웨딩홀보다는 뜻도 금방 와닿지 않는 낯선 외래어가 더 고급스럽다는 막연한 인식을 사람들이 가지고 있기에 이러한 변화가 나타난 것이라 하겠습니다. 국산 자동차 이름에 대부분 국적도 모를 다양한 외국어들이 쓰이는 것도 이러한 인식의 반영입니다. 자동차 이름을 고유어로 붙이면 어색하고 촌스럽다고 느낍니다. 보그체니 보그병신체('병신'이란 말은 개인적으로 쓰기 망설여지는 단어이지만 사람들이 이렇게 부르는 것을 인용합니다)라는 표현이 외래어 남용에 대한 반성을 보여주기는 하지만 오히려 이러한 인식보다는 외래어 선호에 대한 태도가 더 강함을 새삼 느낄 수밖에 없습니다.

이러한 선망에 대해 우리는 생각을 해보아야 합니다. 우리나라에서 우리나라 사람들이 주로 사용하는 물건이나 건물인데도 알아듣기조차 어려운 외래어를 꼭 쓸 필요가 있을까요? 정확한 의미 파악이 어려워져 소통까지 가로막아서는 안 될 것입니다.

【 09 】 언어는 그 시대 인권감수성을 반영해야 한다

○

인식이 바뀌어 실제로는 거의 쓰이지 않는 말들이
규범의 예시로 남아서 교육되는 현실은 역설적입니다.
지금처럼 인권감수성에 대한 인식이 없던
100년 전 만들어진 규범들에 대한 개정이 필요합니다.

돼지새끼,
새끼돼지, 아기돼지

동물을 보다가 이런 생각해본 적 없으신가요? 개나 고양이를 기르고 있는 분이라면 한 번쯤 생각해보셨을지도 모르겠습니다. 개의 새끼는 강아지라고 하는데 고양이의 새끼는 따로 부르는 말이 없다는 사실에 대해서 말입니다. 새끼고양이 혹은 아기고양이라고 대개 부르지요. 그러나 새끼개나 아기개라고 부르지는 않습니다.

가축의 명칭은 개-강아지, 소-송아지, 말-망아지, 닭-병아리와 같이 성체(成體)와 새끼를 구분하여 부르는 경우가 많습니다. 그런데 돼지나 고양이는 어떤가요? 성체를 뜻하는 단어만 있고 새끼를 뜻하는 단어는 없습니다. 돼지나 고양이의 새끼는 돼지새끼나 고양이새끼라고 해야 할 텐데 개새끼, 소새끼에서 볼 수 있는 것처럼 새끼가 뒤에 붙으면 대체로 비하적인 의미로 쓰이므로 돼지새끼나 고양이새끼 같은 표현을 쓰기가 다소 망설여집니다.

그래서 새끼를 앞으로 보내 새끼돼지, 새끼고양이라는 표현이 더 많이 쓰이지요. 그러나 이 경우도 새끼의 부정적인 의미를 완전히 벗어나기 어려워서인지 요즘은 아기돼지, 아기고양이와 같은 표현이 더 일반화된 듯합니다. 아기돼지, 아기고양이와 같은 표현은 어린아이를 대상으로 한 동화에서 비롯된 것으로 여겨지는데, 이것이 돼지새끼나 고양이새끼를 대신하여 일생생활에서도 널리 쓰이고 있습니다.

새끼를 부를 때 쓰는 '아지'와 '아기'는 어원적으로 관련이 있다고 추정되지만 원칙적으로 동물의 경우에는 아지, 사람의 경우에는 아기로 구분하여 써야 합니다. 물론 아지는 동물만이 아니라 바가지(박+아지), 싸가지(싹+아지), 모가지(목+아지)처럼 사물에도 붙을 수 있습니다. 그러나 이 경우 작은 것이라는 의미를 넘어 비하적인 의미를 가지기도 합니다. 그러다 보니 점차 아지라는 말이 생명력을 잃고 강아지, 송아지, 망아지와 같이 일부 단어에만 굳어진 상태로 남습니다.

아지를 대체할 새끼란 말도 마찬가지로 비하적인 의미를 가지기 때문에 널리 쓰이지 못합니다. 그러자 동물에 대해서도 아기라는 표현이 사용됩니다. 아기돼지, 아기고양이 외에도 새끼를 지칭하는 다른 명칭이 없는 경우에는 아기사슴, 아기새와 같이 부르는 것이지요. 다만 아기개, 아기말, 아기닭과 같은 표현은 아직 널리 쓰이지 않는데 이는 강아지, 망아지, 병아리가 확고히 자리를 잡고 있기 때문입니다. 이에 비해 송아지가 있음에도 아기소란 표현은 사용되고 있지요.

그런데 강아지 중에서도 뒤뚱뒤뚱 걷는 강아지가 있는가 하면 아직 눈도 잘 못 뜨는 더 어린 강아지도 있지요. 이를 구분할 때 아기강아지, 아기송아지, 아기병아리와 같이 표현합니다. 이는 사람의 아이를 영아, 유아, 소아로 구분하듯이 어린 새끼를 더 구분하여 매우 어린 개체를 지칭하기 위해 사용하는 표현이라 하겠습니다.

그렇다면 한번 생각해봅시다. 아기돼지와 아기고양이 가운데서도 아주 어린 아기돼지와 아주 어린 아기고양이가 있지요. 이들을 뭐라고 부를까요? 새끼돼지를 아기돼지라고 부르지만 새끼돼지 가운데서도 아주 어린 새끼돼지를 아기아기돼지라고 부르지는 않습니다. 그렇다고 아기새끼돼지라고 부르지도 않습니다. 고양이도 마찬가지입니다. 아주 어린 아기고양이를 아기아기고양이라고 표현하지는 않지요.

왜 돼지와 고양이는 새끼를 뜻하는 단어가 없을까?

여기서 우리는 의문을 가져볼 수 있습니다.

"개, 소, 말, 닭과 달리 돼지와 고양이는 왜 새끼를 뜻하는 단어가 별도로 만들어지지 않았던 것일까?"

하고 말이지요. 그러나 이러한 의문은 잘못된 것입니다. 예전에는 돼지와 고양이의 새끼를 뜻하는 단어가 있었기 때문입니다. 그 단어는 무엇일까요? 바로 돼지와 고양이입니다. 무슨 말장난이냐고 할지 모르나 돼지와 고양이는 원래 새끼를 뜻하는 말이었습니다. 그것이 오늘날에 와서 성체를 뜻하는 말로 변한 것이지요.

옛날에는 돼지와 고양이가 새끼를 뜻하는 말이었다면 성체를 뜻하는 말은 무엇이었을까요? 예전 사람들은 돼지를 돝이라 하였고 고양이는 괴라고 하였습니다. 돝이라는 말은 현대에는 사라져 쓰이지 않게 되었지만 우리가 지금도 자주 사용하는 단어에 그 흔적이 남아 있습니다. 윷놀이에서 도, 개, 걸, 윷, 모 할 때 '도'의 형태로, 또 마산 앞바다에 있는 돝섬이란 지명에, 또 물고기 이름 돗돔에 남아 있습니다. 돗돔은 원래 돝돔에서 유래한 것인데 돝이란 말이 사람들 사이에 쓰이지 않게 되면서 표기까지도 ㅅ으로 바뀌었지요.

이 외에도 돝이란 말의 흔적이 남아있는 단어가 있습니다. 바로 고슴도치입니다. 고슴도치는 옛 문헌에 고솜돝이란 형태로 나타납니다. 여기에 접미사 '-이'가 붙고 구개음화가 일어나 우리가 현재 사용하는 단어 고슴도치가 되었습니다.

여러분들은 고슴도치가 어떤 동물과 비슷하다고 생각하시나요? 저는 쥐나 햄스터 비슷하다고 생각했는데요, 그 어원을 보면 옛 사람들은 돼지와 비슷하다고 생각했다는 걸 알 수 있습니다. 현재 고솜의 정확한 의미는 알 수 없지만 옛 사람들은 고솜이란 특징을 가지는 돝(돼지)이란 명칭을 부여했었어요.

우리말에 관심이 있는 분들이라면 개발새발이 틀린 표현이라는 것은 알고 계실 것 같습니다. 정확한 표현은 개발괴발이 맞습니다. 이때의 괴는 무엇일까요? 바로 고양이입니다. 이 괴에 앙이라는 접미사가 붙어서 괴앙이가 되는데 모음 ㅚ의 ㅣ가 뒤 음절로 넘어가 고양이라는 지금의 형태가 만들어졌지요. 괴란 단어가 쓰이지 않게 되면서 사람들은 개발괴발이란 표현을 이해할 수 없게 되었고 급기야 '괴'를 '새'로 대체하여 개발새발이라고 하였지요.

고양이를 뜻하는 괴라는 형태는 식물명에도 일부 그 흔적을 남기고 있습니다. 괴불나무, 괴불주머니 등이 그 예입니다. 또한 허준이 중심이 되어 편찬한《동의보감》에서는 구기자를 괴좃나무라 칭하고 있습니다. 괴좆나무는 현대어 사전에는 실려 있지 않지만 예전에는 이러한 명칭으로 불렀습니다. 괴불과 괴좆 모두 고양이의 생식기를 나타내는 표현에서 유래했다는 공통점이 있네요. 구기자 열매의 형태가 고양이의 생식기와 닮아서 괴좆나무라 했던 것인데요, 그 표현이 다소 비속한 점이 있어 오늘날은 쓰지 않게 된 것으로 보입니다. 한편 사전에는 어린이들이 주머니 끈 끝에 차는 삼각형 모양의 노리개를 괴불이라 한다고 되어 있는데 저는 이 말은 실제로 들어본 적은 없습니다.

한글맞춤법과 표준어규정에 남아 있는 비하적이고 비교육적인 말들

괴불이나 괴좆과 같은 표현과 관련해서 생각해볼 문제들이 있습니다. 식물 이름 중에는 이와 같이 비속하거나 현대 상황과는 맞지 않는 것들이 있습니다. 요즘의 기준으로는 그러한 명칭을 사용하기가 쉽지 않은 단어들입니다.

머느리밥풀꽃이나 며느리밑씻개 같은 식물 이름이 그렇습니다. 시어머니의 학대를 받던 며느리가 밥을 지으며 밥이 잘 되었는지 알아보려고 밥알 몇 개를 맛보다가 맞아 죽게 되었는데 그 무덤에서 붉은 입술에 밥풀을 머금은 듯한 꽃이 피어나서 사람들이 며느리밥풀꽃이라 부르게 되었다고 합니다. 아마도 그 꽃의 모양에서 연상하여 사람들이 만들어낸 이야기일 테지만 예전에 며느리들이 얼마나 어려운 시집살이를 했는지를 능히 짐작하게 합니다.

며느리밑씻개 역시 마찬가지입니다. 줄기에 갈고리모양의 가시가 잔뜩 박혀 있는 이 식물의 잎으로는 변을 본 후 밑을 씻을 수 없으니, 며느리밑씻개라는 명칭에서도 학대 받는 며느리의 모습과 며느리에 대한 당시의 인식이 여지없이 드러납니다. 일찍이 나비학자 석주명 선생이 이런 비속하거나 시류에 맞지 않는 명칭들을 바꾸어야 한다는 주장을 한 적이 있으나 아직까지도 그러한 명칭이 완전히 사라지지는 않았습니다.

인권감수성이 반영되지 않은 100년 전 규범들

한글맞춤법이나 표준어 규정 같은 어문 규범의 용례 가운데에도 비속어나 신체적 특징을 비하하는 말, 또는 비교육적인 말들이 여럿 들어 있습니다. 다음 쪽 아래에 있는 단어들이 그러한 예입니다.

한글맞춤법의 예들은 대부분 접미사 '-이'의 표기 방식을 예시하

며느리밥풀꽃

기 위해 든 것이므로 굳이 그 단어들이어야 할 이유가 없습니다. 다만 표준어 규정은 어떤 단어를 표준으로 삼는지를 예시해야 하니 해당 단어를 제시하지 않을 수 없다고 할 수도 있습니다. 그러나 표준어 규정에서 모든 표준어를 예시한 것도 아니고 대표적인 사례를 들어놓은 것이라는 점이 고려되어야 합니다.

한국어에서 이 단어들이 일정한 사용역을 가지고 있으므로 이 단어들을 써야만 할 경우가 있을 것입니다. 따라서 이와 같은 단어들을 없앨 수도 없고 사전에는 당연히 실어놓아야 합니다. 그러나 이들이 규범의 예시로 꼭 들어가야 할 이유는 없습니다. 규범은 교육에 널리

한글맞춤법	
곰배팔이	팔이 꼬부라져 붙어 펴지 못하거나 팔뚝이 없는 사람을 낮잡아 이르는 말
애꾸눈이	한쪽 눈이 먼 사람을 낮잡아 이르는 말
육손이	손가락이 여섯 개 달린 사람을 낮잡아 이르는 말
절뚝발이·절름발이	한쪽 다리가 짧거나 다치거나 하여 걷거나 뛸 때에 몸이 한쪽으로 자꾸 거볍게 기우뚱거리는 사람을 낮잡아 이르는 말
눈깜짝이	눈을 자주 깜작거리는 사람
코납작이	코가 납작한 사람을 놀림조로 이르는 말

사용되기 때문에 이와 같은 단어들을 굳이 교육해야 할 필요는 더더욱 없다는 점에서 현재의 규범은 문제를 안고 있습니다. 이 규범들이 1988년에 상당히 개정되기는 하였으나 대부분은 1930년대 만들어

표준어 규정	
시러베아들	실없는 사람을 낮잡아 이르는 말
튀기	종(種)이 다른 두 동물 사이에서 난 새끼. 혼혈인을 낮잡아 이르는 말
늙다리	늙은이를 낮잡아 이르는 말
코주부	코가 큰 사람을 놀림조로 이르는 말
빙충이	똘똘하지 못하고 어리석으며 수줍음을 잘 타는 사람
새앙손이	손가락 모양이 생강처럼 생긴 사람을 낮잡아 이르는 말
서방질·화냥질	자기 남편이 아닌 남자와 정을 통하는 일을 낮잡아 이르는 말
오사리잡놈·오색잡놈	온갖 못된 짓을 거침없이 하는 잡놈
애꾸눈이·외눈박이	한쪽 눈이 먼 사람을 낮잡아 이르는 말
해웃값·해웃돈	기생, 창기 따위와 관계를 가지고 그 대가로 주는 돈

졌을 당시의 예가 그대로 이어지고 있지요.

사회의 인식이 바뀌어가면서, 이런 단어들이 실제로는 거의 쓰이지 않게 되었는데 규범의 예시로 남아서 여전히 유통되고 교육되고 있는 현실은 역설적이라 할 수 있습니다. 당시만 하더라도 지금처럼 인권 감수성이나 성 인지 감수성에 대한 인식이 없었습니다. 이러한 규범들이 만들어진 지 100년이 다 되어가니 그럴 수밖에 없지요. 그 사이 사회와 사람들의 인식은 천지개벽이라고 해도 좋을 정도로 수많은 것들이 바뀌었습니다. 만들어진 지 100년이 가까워져가는 이 규범들에 대한 전면적인 수정이나 개정이 필요합니다.

【 10 】 쓸모없음이 괴로워할 일인가

○

그 나무는 도끼에 찍혀 죽지도 않을 것이고
아무도 그 나무에 해를 가하지 않을 텐데.
쓸모없음이 어찌 괴로워 할 일인가?"

_《장자》의 〈소요유〉 중에서

아침저녁 매일 보면서도 몰랐던 그 나무

저는 2004년부터 6년간 성신여대 국문과에서 교편을 잡았었습니다. 성신여대입구역에서 성신여대까지는 5분 남짓 걸으면 되는 가까운 거리입니다. 지금은 똑같이 입구라는 역명을 가진 서울대입구역에서 서울대까지 버스를 타고도 한참을 걸려 도착하고 있으니, 이와는 비교가 안 될 정도로 가까웠지요.

역에서 성신여대까지 거리는 가까워도 교문에서부터 꽤 경사가 급한 언덕이 시작됩니다. 비록 2~3분 내외이지만 지각이라도 해서 빠른 걸음이나 달리기로 그 언덕을 오르자면 숨이 차고 등에는 땀이 배어났지요. 그래서 대개는 언덕을 오르기 전에 그 앞에서 위를 쳐다보고 숨을 한번 몰아쉬는 것이 버릇이 되었는지도 모르겠습니다.

교문 앞에서 위를 바라보면 오른쪽으로 도서관 못 미쳐 큰 나무가 한 그루 서 있는 것이 눈에 뜨입니다. 좁은 공간에 큰 나무가 있는 것이 어울리지 않아서인지 우뚝 서 있는 그 나무는 꽤 인상적이었습니다. 나무 위에는 까치집도 있었던 것 같은데 오래돼서 그것은 정확하지 않네요.

저는 아침저녁으로 그 길을 오르내리면서도 정작 그 나무의 이름은 모르고 있었습니다. 그러다 우연히 가죽나무에 관심을 가지게 되면서 자료를 찾다 보니 바로 그 나무가 가죽나무라는 사실을 알게 되었어요. 가까이 두고도 몰랐다는 사실이 겸연쩍으면서도 가까이에서 자주 가죽나무를 볼 수 있어서 다행이라는 생각이 들었습니다. 가까이에서 가죽나무를 자주 보는 일이 글 쓰는 데 도움이 될 것 같았거든요.

여러분은 가죽나무라는 이름을 들으면 무슨 생각이 떠오르시나요? 혹시 가죽점퍼 할 때의 가죽을 떠올리시지는 않았을까요? 그런데 아마 가죽나무와 비슷하게 생긴 다른 나무의 이름을 들으면 여러분의 생각이 달라질 듯도 합니다. 가죽나무와 짝을 이루는 나무는 바로 참죽나무입니다. 가죽나무와 참죽나무를 비교해보면 우리는 쉽게 '가-참'의 대립을 찾아낼 수 있습니다. 가죽나무의 '가'가 가짜를 의미하는 접두사로 한자 거짓 가(假)일 것이라 짐작을 하게 되지요.

그러나 조금만 더 생각하면 '참+죽+나무'에서 '참'이란 말을 쉽게 이해할 수 있는 것과 달리 '가+죽+나무'에서 '가'가 어떤 말인지를 알아내기는 쉽지 않습니다. 가건물, 가석방과 같이 접두사 '가(假)-'는 임시라는 의미로 쓰이는 것이 일반적이고 가짜라는 의미로 쓰인 예는 많지 않거든요. 더구나 식물명에 쓰여 '참'과 대립되는 의미로 쓰인 예는 하나도 없습니다.

가죽나무의 옛 이름을 알면 비밀이 풀리는데요. 가죽나무의 옛 이름은 개듕나모였습니다. 식물명에서는 품질이 낮거나 좋지 않다는 의미를 지닌 접두사 '개'를 자주 붙이는데, 가죽나무의 '가'는 바로 이 접두사 '개'가 변한 말입니다.

"쓸모없음이 어찌 괴로워할 일인가?"

품질이 좋지 않은 식물에 붙이는 '개'가 붙은 말이 가죽나무라니, 가죽나무가 어떻기에 이런 이름이 붙은 걸까요? 이 비밀을 알기 위해서는 쓸모없는 나무의 대명사로 여겨지며 2000년 동안 억울한 누명을 써온 가죽나무 이야기까지 거슬러 올라가게 됩니다. 짝을 이루는 참죽나무 이야기도 빼놓을 수 없지요.

가죽나무는 소태나무과(맛이 쓰다는 바로 그 소태입니다)에 속하는 큰키나무(교목)인데 25~30m까지 자라고, 참죽나무는 멀구슬나무과에 속하는 큰키나무로 20m 정도까지 자란다고 합니다. 두 나무의 잎은 대단히 유사해서 멀리서 보면 구별이 어려울 정도입니다.

가죽나무의 잎에서는 누린내 비슷한 냄새가 나며 식용할 수 없음에 비해 참죽나무는 향기가 좋아 향수를 만드는 원료로 활용되고, 어린잎은 식용할 수 있을 뿐 아니라 고급 식재료로 꼽힐 정도로 맛이 있습니다. 또한 가죽나무는 목재로도 그다지 쓸모가 없는 데 반해 참죽나무는 가구는 물론 고급 조각품의 재료로 사용된다고 하니 사람들의 기준으로는 가-죽나무(즉 개-죽나무)와 참-죽나무로 차별하여 부를 만하기도 합니다.

가죽나무는 한자로는 저목(樗木)이라고 하는데 옛 문헌에서는 쓸모없는 나무의 대명사였습니다. 선비들은 자신을 겸손하게 표현할 때 가죽나무에 비유하여 표현하는 것이 일반적이었지요. 이렇게 가죽나무가 쓸모없음의 대명사가 된 것은 아마도《장자》의 〈소요유〉에 나오는 다음 이야기 때문인 것 같습니다.

혜자가 장자에게 말했다.

“큰 나무가 한 그루가 있는데 사람들이 가죽나무라 하더군. 그 나무의 본줄기는 옹이가 많아서 목수들이 먹줄을 쳐서 목재로 가공하기에도 적당치 않고, 작은 가지들은 굽고 휘어져서 컴퍼스나 곱자를 대서 뭔가를 만들기에도 적당치 않네. 길가에 서 있는데도 나무를 가공하는 사람들이 거들떠보지도 않네. 지금 그대의 말은 이 나무와 같이 크기만 했지 쓸모가 없으니 사람들이 모두 떠나가는 것일세."

장자가 말했다.

"자네는 살쾡이를 보지 못했는가? 몸을 낮추어 엎드려 있으면서, 나와서 노니는 쥐 같은 작은 짐승을 노리는 놈들 말일세. 이리 뛰어다니고 저리 뛰어다니며 높은 곳 낮은 곳도 가리지 않지. 그러다 덫에 걸리기도 하고 그물에 걸려 죽기도 하지 않나. 그러나 지금 저 야크는 그 크기가 하늘에 드리운 구름 같으니 매우 크다고 하겠지만 쥐를 잡지는 못하네. 자네는 큰 나무를 가지고 있으면서 그것이 쓸모가 없다고 걱정하는군. 어째서 그 나무를 아무것도 없는 드넓은 들판에 심어 놓고 하는 일 없이 그 곁을 거닐고 한가로이 그 그늘에 누워 있으려 하지 않는가? 그 나무는 도끼에 찍혀 죽지도 않을 것이고 아무도 그 나무에 해를 가하지 않을 텐데. 쓸모없음이 어찌 괴로워 할 일인가?"

쓸모없음이 정말 나쁜 것인가에 대한 진지한 고찰이 담겨 있지요. 인간의 관점으로 봤을 때 쓸모없음이 나쁜 것이지, 가죽나무 입장에서는 아무도 자신을 해치지 않고 장수할 수 있으니 오히려 좋은 것

참죽나무순 어린 잎

아니겠습니까? 그리고 그 자체로도 어떤 사람에게는 쓸모 있는 존재가 될 수도 있고요. 이 일화를 통해 알 수 있는 것은 옛 사람들에게 가죽나무는 쓸모없는 나무, 못 쓰는 나무라는 인식이 있었다는 것입니다.

2000년간의 오명을 벗겨야 할 때

그에 반해 참죽나무는 다릅니다. 경상도 사람들에게 “가죽나무를 먹을 수 있습니까?” 하고 물어본다면 그렇다는 답이 나올 것입니다. 밥상에 흔히 오르는 가죽나물이 있으니까요. 그러나 사실 이 가죽나물은 가죽나무 순이 아니라 참죽나무 순입니다. 표준어로 참죽나무를 경상도에서는 가죽나무라고 부르기 때문에 이런 오해가 생긴 것입니다.

그렇다면 진짜 가죽나무를 경상도에서 뭐라고 부를까요? 정답은 개가죽나무입니다. 경상도에서는 참죽나무를 가죽나무, 가죽나무를 개가죽나무라고 하는 것이지요. 가죽나무와 참죽나무의 잎 모양이 대단히 유사해서 얼핏 보아서는 둘을 구분하기가 어려워 이러한 명칭들이 생겨났습니다.

참죽나무는 식용할 수 있을 뿐 아니라 향도 뛰어나서 향수의 원료로 쓰이기도 합니다. 그에 비해 가죽나무는 이파리 뒤에 선점이라는 것이 있어서 안 좋은 냄새를 풍긴다고 합니다. 그뿐만이 아닙니다. 참죽나무는 재질도 좋아서 뛰어난 목재로 꼽힙니다. 좋은 가구를 만들거나 조각품을 만들 때에도 널리 쓰이지요.

즉 참죽나무는 먹을 수도 있고, 향기도 좋고, 좋은 목재로도 쓰이니 재주가 참 많은 나무라고 할 수 있습니다. 그에 반해 가죽나무는 외양은 비슷하면서도 냄새도 나고, 먹을 수도 없으며 목재로도 좋지 않으니 쓸모없음의 대명사가 된 이유를 알 듯도 합니다.

장자의 〈소요유〉에는 참죽나무에 대해서도 재미있는 이야기가 등장합니다. 참죽나무는 한자로 椿(춘)이라고 쓰는데 대춘(大椿)이란 나무에 대한 이야기입니다.

매미와 비둘기가 비웃으며 말한다.
"나는 힘껏 날아올라야 느릅나무와 다목나무에나 도달할 수 있는데 때로는 거기에도 이르지 못하고 땅으로 떨어지곤 한다. 그런데 붕이 어떻게 9만 리나 올라가서 남쪽으로 갈 수 있겠는가?"
근교의 들판에 가는 사람은 세 끼 먹을거리만으로도 돌아올 때까지 여전히 배가 부르지만, 백 리를 가려는 사람은 하룻밤 동안 곡식을 찧어야 하고, 천 리를 가려는 사람은 석 달 동안 식량을 모아야 한다. 이

두 미물이(매미와 비둘기) 또한 어찌 (붕이 9만 리를 날아올라 남쪽으로 갈 수 있음을) 알 수 있겠는가? 작은 지혜는 큰 지혜에 미치지 못하고, 짧은 목숨은 긴 목숨에 미치지 못하니 어찌 그러함을 알 수 있는가? 조균(朝菌: 아침에 피었다가 저녁때 죽는 버섯, 또는 하루살이 같은 벌레로 보기도 함)은 밤과 새벽을 모르고 쓰르라미와 씽씽매미는 봄과 가을을 모른다. 이것이 짧은 목숨이다. 초나라 남쪽에 명령(冥靈)이라는 나무가 있다. 봄이 500년 동안이고 가을이 500년 동안이다. 까마득한 옛날 대춘(大椿)이라는 나무가 있었다. 봄이 8000년이고, 가을이 8000년이었다. 이것이 긴 목숨이다. 그런데 팽조(彭祖)는 (고작 800년을 살았을 뿐인데) 지금 오래 산 사람으로 아주 유명하여 모든 사람들이 그와 같이 오래 살기를 원하니 또한 슬프지 아니한가?

이 이야기에서 장수를 상징하는 대춘이라는 나무가 참죽나무입니다. 남의 아버지를 높여 부르는 춘부장(椿府丈)이란 말도 이 이야기에서 유래한 것으로 장수를 기원하는 뜻을 담은 말입니다.

장자의 한 구절로 인해서 가죽나무는 2000년 동안 쓸모없는 나무라는 오명이 붙었습니다. 가죽나무가 진실로 쓸모없는 나무라 할지라도 가죽나무로서는 억울한 일일 수밖에 없겠죠. 더군다나 이제는 가죽나무가 공해에 강하다는 것 때문에 가로수로 심는 경우도 있고 목재 가공 기술이 발전해서 여러 가지 용도의 목재로도 사용할 수 있게 되어 다양한 쓸모를 보이고 있다니, 2000년간의 오명을 벗길 때가 아닌가 싶습니다.

같은 글자이지만 왜 의미는 다를까요?

참죽나무를 한자로 椿(춘)이라고 한다고 했지요. 우리나라와 중국에서는 이 글자가 참죽나무를 뜻하지만 일본에서는 이 글자가 전혀 다른 나무를 의미합니다. 일본에서는 椿을 츠바키라고 읽는데 동백나무를 의미합니다. 일본의 椿은 중국의 글자를 가져온 것이 아니라 일본에서 자체적으로 만든 글자이기 때문에 이와 같은 차이가 나타납니다. 일본에서는 1월 말만 되어도 동백꽃을 많이 볼 수 있는데요, 동백은 봄이 옴을 알리는 꽃이라고 하여 일본 사람들은 나무(木)와 봄(春)을 결합하여 츠바키, 즉 동백을 의미하는 글자를 만들었습니다. 그런데 우연히 중국에도 이 둘을 결합한 한자가 이미 존재하고 있었던 것이지요.

비슷한 사례로 柏(백)이 있습니다. 중국이나 우리나라에서 이 글자는 침엽수인 측백나무나 잣나무를 뜻하지만 일본에서는 카시와라고 하여 활엽수인 떡갈나무를 말합니다. 이 역시 일본에서 자체적으

자네는 큰 나무를 가지고 있으면서
그것이 쓸모가 없다고 걱정하는군.
어째서 그 나무를 아무것도 없는
드넓은 들판에 심어 놓고 하는 일 없이
그 곁을 거닐고 한가로이
그 그늘에 누워 있으려 하지 않는가?

_《장자》의 〈소요유〉 중에서

가죽나무

로 만든 한자라 할 수 있습니다.

일본에서 동백을 椿이라 하는 것 때문에 한국에서 뜻하지 않은 오해가 일어나기도 했습니다. 프랑스 소설가 알렉상드르 뒤마가 쓴 소설 중《마담 카멜리아》가 있지요. 카멜리아는 프랑스어로 동백을 의미합니다. 후에 이탈리아 작곡가 주세페 베르디는 이 소설을 원작으로 오페라를 만들었는데, 그 유명한 〈라 트라비아타〉입니다. 방황하는 여인이라는 뜻이지요.

오페라 〈라 트라비아타〉를 일본으로 들여오면서 일본 사람들은 동백아가씨라는 의미에서 〈춘희(椿姬)〉라는 이름을 붙였습니다. 일본에서 姬(희)는 공주나 귀족 집안의 아가씨를 뜻하는 말입니다. 문제는 이 작품이 한국에 들어오면서 발생합니다. 한국에서도 일본의 번역을 그대로 답습하여 〈춘희〉라는 제목으로 소개가 된 것이지요. 한국에서는 전통적으로 椿자에 동백이라는 뜻이 없고 참죽나무라는 뜻만 있었습니다. 결국 오페라 〈춘희〉는 한국에서 동백아가씨가 아니라 참죽나무아가씨가 된 셈인데, 椿이 우리나라에서 참죽나무를 뜻한다는 걸 모르던 당시 젊은 사람들은 椿을 일본에서와 같이 동백나무로 인식하기도 했습니다. 일본의 번역을 그대로 답습하여 벌어진 해프닝이지요.

소설《동백꽃》속 노란 동백꽃의 비밀

동백나무 이야기가 나왔으니 가죽나무와는 관련이 없지만 재미있는 사실 하나를 들려드릴까 합니다. 교과서에도 많이 실려 있던 김유정의 소설《동백꽃》에 관한 이야기입니다. 서울 청량리역에서 시작해 강원도 춘천까지 이어지는 철도 경춘선을 타고 가다 보면 강촌역과 남춘천역 사이에 김유정역이 있습니다. 예전에는 신남역이었는데 김유정의 고향이 바로 근처에 있어서 역 이름이 김유정역으로 바뀌었지요.

강원도가 고향인 김유정의 소설에는 강원도 방언이 많이 들어 있습니다. 소설 제목인《동백꽃》도 마찬가지이지요. 동백은 우리나라에서는 남쪽 해안가에 많이 자라며 강원도 내륙에서는 전혀 볼 수가 없는 꽃인데요. 강원도가 고향인 김유정이 말하는 동백꽃은 무엇일까요? 강원도 방언으로 동백은 생강나무를 말합니다. 따라서 김유정이 말한 동백꽃은 생강나무꽃인 것이지요.

이것은 소설을 통해서도 확인할 수 있습니다. 김유정은 소설에서 동백꽃을 다음과 같이 묘사하고 있습니다.

산기슭에 널려 있는 굵은 바윗돌 틈에 노란 동백꽃이 소보록하니 깔

리었다.

그리고 뭣에 떠다밀렸는지 나의 어깨를 짚은 채 그대로 퍽 쓰러진다. 그 바람에 나의 몸뚱이도 겹쳐서 쓰러지며, 한창 피어 퍼드러진 노란 동백꽃 속으로 폭 파묻혀 버렸다. 알싸한, 그리고 향긋한 그 냄새에 나는 땅이 꺼지는 듯이 온 정신이 고만 아찔하였다.

강원도 내륙 산기슭에 바위틈마다 소복하게 피어 있는 노란 꽃, 알싸하면서도 향긋한 향기를 풍기는 꽃이지요. 생강나무는 잘라낸 가지에서 생강 냄새를 풍기기 때문에 그런 이름이 붙었다고 합니다. 알싸하면서도 향긋한 향기는 바로 이것을 말하는 것이겠지요.

강원도에서는 왜 생강나무를 동백이라 불렀을까요? 이유는 두 식물의 용도가 공통되기 때문이었습니다. 동백나무 씨앗에서 짜는 동백기름은 식용으로도 쓸 수 있지만 부녀자들의 머리에 바르는 기름으로도 많이 사용이 되었습니다. 그러나 동백이 자라지 않는 강원도에서는 동백기름 대신 생강나무 열매로 기름을 짜서 사용하였어요. 동백기름 대신 사용하기 시작했으나 나중에는 그 이름까지도 동백으로 부르게 된 것이라고 합니다. 한국문학번역원에서 초기에 김유정의 소설 《동백꽃》을 영어로 번역하면서 동백나무를 뜻하는 《Camelia》라고 제목을 붙였다가 구설수에 오른 적도 있었습니다.

문학작품을 이해하는 데 있어 작가가 나고 자란 지역과 그 지역의 방언 및 배경이 얼마만큼 다양한 영향을 미치는지 알 수 있지요. 지금껏 소설《동백꽃》을 읽을 때 붉고 화려한 꽃을 연상하였다면, 이 이야기를 알게 된 지금부터는 알싸한 향을 풍기는 노란빛깔 올망졸망한 꽃을 떠올릴 수 있다면 좋겠습니다.

◦ 동백꽃

생강나무꽃

【 11 】 단어를 아는 과정은 삶을 아는 과정이다

○

단어가 왜 이렇게 불리게 되었는지를
추적하다 보면 생동하는 삶을 만나게 됩니다.
단어를 알아가는 과정은 사람들의 삶을
아는 과정이라고 보아야 할 것입니다.

우리나라의 해당화와 중국의 해당화는 전혀 다른 꽃

매년 봄마다 전국을 떠들썩하게 만드는 축제가 있지요. 바로 벚꽃 축제입니다. 봄꽃이 만발하는 시기가 오면 꽃 축제가 곳곳에서 열리고 거리는 화사하게 핀 꽃을 즐기러 나온 사람들로 붐빕니다. 중국의 수도 베이징에도 봄마다 열리는 축제가 있는데요. 바로 해당화 축제입니다.

재미있는 것은 한국의 해당화와 중국의 해당화는 전혀 다른 꽃이라는 점입니다. 중국의 해당화는 꽃사과 계통을 총칭하는 것으로 봄에 큰 나무에 한가득 꽃이 화려하게 피어납니다. 반면에 우리나라의 해당화는 장미과에 속하는 것으로 작은 나무에 향이 진한 꽃이 피고 주로 바닷가에서 찾아볼 수 있습니다.

우리나라의 해당화와 중국의 해당화가 전혀 다른 꽃을 각각 지칭하게 된 이유는 무엇일까요? 그것은 '해'자가 각기 다른 의미로 사용되었기 때문입니다. 우리나라의 해당화에서 '해'자와 중국의 해당화에서 '해'자는 각각 어떤 의미일까요?

정답을 알려드리기 전, 노래 가사에 담겨 있는 해당화 이야기를 먼저 들려드리겠습니다. 이 이야기 속에 정답의 실마리가 있으니 유추해보시면 재미있으실 겁니다.

해당화가 곱게 핀 바닷가에서
나 혼자 걷노라면 수평선 멀리
갈매기 한두 쌍이 가물거리네
물결마저 잔잔한 바닷가에서

초등학교 음악 교과서에도 실린 〈바닷가에서〉라는 동요입니다. 가사를 곰곰 곱씹어보면 해당화는 바닷가에서 특별히 아름다운 정취를 만들어내는 꽃이라는 걸 짐작할 수 있지요.

한반도에서 해당화가 특히 유명한 지역은 북한 동해안에 있는 항구도시 원산입니다. '명사십리 해당화'라는 말을 들어본 적 있으신가요? 명사십리(明沙十里)는 원산시에 있는 해변인데요. 곱고 아름다운 모래사장이 십 리나 펼쳐져 있다는 의미에서 부여된 이름입니다. 또는 이곳의 모래를 밟으면 사각사각 소리가 나서 '모래가 우는 듯하다'라는 의미에서 울 명(鳴)자를 써서 鳴沙十里라고 하기도 하는데 아마도 이것이 명사십리란 말의 기원에 더 가까운 것으로 생각됩니다. 지금 우리는 가볼 수 없지만 원산의 해변을 따라서 해당화가 쭉 피는 풍경이 장관을 이룬다고 하네요.

한국인이 사랑하는 한국의 토종 장미

해당화 피고지는 섬마을에
철새 따라 찾아온 총각 선생님
열아홉 살 섬색시가 순정을 바쳐
사랑한 그 이름은 총각 선생님

가수 이미자의 노래 〈섬마을 선생님〉에도 해당화가 등장합니다. 여기에서도 배경은 역시 바닷가 마을이지요.

이렇게 여러 노래에 자주 등장할 정도로 해당화는 우리나라 사람들에게 사랑을 많이 받아온 꽃입니다. 그래서 해당화는 한국의 토종 장미라고도 불립니다. 북한 원산의 명사십리에서부터 우리나라 남쪽 지방 이름 모를 섬마을까지 한반도 바닷가에는 해당화가 항상 피고 지지요.

어떤 이는 1941년에 발표된 가수 백난아의 노래 〈찔레꽃〉에 나오는 찔레꽃도 사실은 해당화를 말한다고 주장합니다. 이 주장도 상당히 근거가 있다고 보이는데요. 노래 가사는 다음과 같습니다.

> 찔레꽃 붉게 피는 남쪽 나라 내 고향
> 언덕 위에 초가삼간 그립습니다.

찔레는 장미과에 속하는 나무로, 장미과에 속하는 만큼 가지에는 예리한 가시가 있습니다. 찔레라는 이름도 가시가 있어 만지면 찔린다는 의미에서 붙은 이름입니다. 찔레의 꽃은 5월쯤에 피는데 하얀색의 작은 꽃이 덤불지어 무더기로 피는 것이 특징입니다. 장미과이니만큼 향도 진한 편이라고 하네요.

그런데 노래 가사에서는 '찔레꽃이 붉게 핀다'라고 했습니다. 물론 찔레꽃도 완전히 하얗기만 한 것은 아니고 살짝 옅은 분홍빛을 띠기도 합니다. 벚꽃처럼 말이지요. 그렇다 하더라도 우리가 벚꽃을 보고 "꽃이 붉게 피었다"라고 하지 않듯이 찔레꽃도 붉게 피었다고 하기는 어려울 것 같습니다. 실제 찔레꽃과 〈찔레꽃〉 가사 속 찔레꽃은 어딘가 다르게 느껴지지요. 가사 속 찔레꽃이 정말 찔레꽃을 말하고 있는 것인지 의심할 수 있는 대목입니다.

어떤 지역에서는 해당화를 때찔레라고 부르기도 합니다. 해당화가 장미과에 속하며 줄기에 가시가 있고 꽃의 향기도 진하므로, 해당화를 찔레꽃의 일종으로 생각하는 것이지요. 다만 꽃 색깔이 붉은 보랏빛을 띤다는 차이는 있습니다. 백난아의 노래에 등장하는 찔레꽃도 사실은 해당화로 보아야 한다는 견해는 이러한 이유로 나온 것입니다. 상당히 근거가 있는 이야기이지요.

"바닷가에 핀 이름 없는 이 식물을 뭐라 불러야 할까?"

앞에서 던진 질문의 정답을 유추해보셨나요? 우리나라의 해당화와 중국의 해당화가 어쩌다 다른 꽃을 지칭하게 되었는지 정답을 알려드릴 때가 되었네요.

우리나라 해당화와 중국의 해당화는 둘 다 한자로 바다 해(海), 팥배나무 당(棠), 꽃 화(花)자를 씁니다. 전혀 다른 꽃을 지칭한다면 다른 한자를 쓸 법도 한데 둘 다 같은 한자를 쓰지요? 그런데도 어쩌다

ㅇ 해당화 열매

다른 꽃을 뜻하게 된 것일까요?

우선, 우리나라 해당화는 '바닷가(海)에 있는 당화(棠花)'라는 의미입니다. 바닷가에 핀 당 꽃이라니, 당이 무엇을 말하는지를 알면 해당화의 비밀은 풀립니다.

여기에서 당(棠)은 현대 한자 사전에는 팥배나무라고 뜻풀이가 되어 있는데 옛 문헌에는 아가위나무라고 되어 있습니다. 우리말로는 아가위, 한자어로는 산사(山査)라고 합니다. 요즘 마트나 편의점에 가면 산사춘이라는 술을 팔고 있지요? 산사춘은 바로 이 산사나무의 열매로 만든 것입니다.

산사나무 열매는 방울토마토보다도 작은 크기로 외형은 사과와 비슷한데 겉에 흰 반점이 있는 것이 특징입니다. 신 맛이 강하기 때문에 중국에서는 이 열매의 겉에 설탕 녹인 물을 입혀 꼬치에 꿰어서 먹습니다. 요즘은 온갖 과일로 탕후루를 만들어 먹지만 탕후루의 원조는 산사나무 열매로 만드는 것입니다. 신맛이 너무 강하다 보니 달게 먹기 위해 탕후루로 만들어 먹었을 테지요.

이전 쪽 사진 속 열매와 오른쪽에 나와 있는 사진 속 열매를 한번 보세요. 언뜻 보면 어느 것이 해당화 열매이고 어느 것이 산사나무 열매인지 헷갈릴 정도로 비슷하게 생겼지요? 꽃사과나무열매도 마찬가지로 아주 비슷하게 생겼습니다.

산사나무 열매를 익히 알던 우리의 선조들이 바닷가에서 비슷한

°
산사나무
열매

°
꽃사과나무
열매

열매를 발견하게 되었을 겁니다. "바닷가에 자생하는 이름 없는 이 식물을 뭐라고 불러야 할까?" 사람들은 생각했겠지요. 산사나무 열매와 비슷한 열매를 맺은 식물이 바닷가에 있으니, 바닷가에 핀 산사나무라고 사람들은 쉽게 불렀을 겁니다. 산사나무를 당(棠)이라고 하니 바닷가에 있는 당이라 하여 해당(海棠)이라 부르게 된 것입니다. 사람들의 삶 속에서 이름 없는 식물은 자연스럽게 이름을 가지게 되었습니다.

우리나라에서 해당화라고 부르는 식물을 중국에서는 매괴(玫瑰)라고 불렀습니다. 옛 문헌에 나오는 매괴를 흔히 현대어로 장미라고 해석을 하는 경우가 많은데요. 옛 문헌에 등장하는 매괴는 우리가 흔히 아는 장미보다는 해당화 또는 겹해당화 정도에 대응한다고 보아야 합니다. 영어로는 해당화를 Beach rose, 즉 해변 장미라고 부르지요. 우리나라에서 예전의 장미는 해당화 종류의 꽃이었다고 할 수 있습니다.

외국으로부터 들어온 것에 붙인 글자 '바다 해(海)'

이제 중국의 해당화에 대해 이야기해볼까요? 우리나라 해당화가 '바닷가에 있는 당화'를 뜻한다면, 중국의 해당화는 '외국으로부터 들어온 당화'를 뜻합니다. 일반적으로 중국에서는 식물명 등에 바다 해(海)가 붙으면 그것은 '외국으로부터 들어온 것'이라는 의미입니다.

중국 사람들은 꽃사과나무를 보면서 산사나무 열매와 아주 유사하다고 생각했던 것 같습니다. 이 열매를 뭐라고 불러야 할까, 사람들은 잘 알지 못하다가 꽃사과나무가 외국에서 들어왔으니 '외국으로부터 들어온 산사나무'라는 뜻으로 해당화라 이름을 붙였을 겁니다. 우리나라 선조들의 삶 속에서 해당화가 자연스럽게 이름을 가졌듯, 중국의 해당화도 중국 선조들의 삶 속에서 자연스럽게 이름을 가졌습니다.

즉 똑같은 해(海)자가 중국에서는 '외국에서 들어온'이라는 출처의 의미로 쓰이고, 우리나라에서는 '바닷가에서 자라는'이라는 생장지의 의미로 사용이 되었어요.

앞서 이야기하였듯 중국의 해당화는 꽃사과 계통의 꽃을 총칭합니다. 꽃사과나무의 열매 역시 산사나무 열매와 흡사하기 때문에 중국에서는 꽃사과나무를 외국에서 들어온 산사나무라는 뜻에서 해당 내지 해당화라 한 것입니다.

이처럼 '해'가 두 가지 의미로 달리 쓰인 사례는 또 있습니다. 해송(海松)이 있는데요. 사전을 찾아보면 해송은 '곰솔이라고도 불리는 바닷가에 잘 자라는 소나무의 일종'을 뜻하기도 하고 잣나무를 뜻하기도 합니다. 잣은 우리나라의 특산품으로 삼국시대부터 중국에 수출되는 중요 물품 가운데 하나였습니다. 중국 사람들은 우리나라를 해동이라 부르는 일이 많았고 이를 받아들여 우리나라 사람들도 스스로를 해동이라 칭하는 경우가 많았는데, '해동으로부터 들어온 소나무 비슷한 나무'라는 뜻에서 잣나무를 해송이라 했습니다. 원나라에서는 매사냥에 쓰기 위해 고려에 매년 매를 많이 잡아 조공할 것을 요구하였는데 우리나라 매를 해동청 또는 해청이라 불렀던 것도 이러한 연유입니다.

즉, 해송이 곰솔을 의미할 때는 그 식물이 잘 자라는 곳이 바닷가라는 의미에서 '해'가 사용된 것이고, 잣나무를 의미할 때는 그 식물이 해동으로부터 들어왔다는 출처의 의미로 '해'가 쓰인 것입니다.

단어를 아는 과정은 삶을 아는 과정이다

산사나무의 열매를 우리말로 아가위라고 한다고 하였는데요. 아가위는 우리나라 지역에 따라서 다양하게 불립니다.

이 중 아가위, 아가우, 아가바, 아갈배, 아가배, 아고배 등은 관련이 있는 것으로 그 기원적인 형태는 아가배라고 생각됩니다. 사전에

지역에 따라 다양하게 불리는 아가위			
아가우	강원, 경상, 함남	**열귀**	함경
아가바	경북	**열구밥**	함북
아갈배	경북	**오매지**	함북
아가배	경상, 충청	**매지**	함북
아구	경상	**찔광이-매제**	황해
아고배	충청	**찔래**	황해
열구	강원		

는 아가위나무는 Crataegus pinnatifida라 하여 산사나무의 의미로, 아그배나무는 Malus sieboldii라 하여 꽃사과의 일종으로 처리하였으나 언어적으로는 아그배 또한 아가위, 즉 아가배와 관련이 있습니다.

아가배란 작은 배라는 의미에서 붙인 이름입니다. 붉고 신 맛이 강하며 둥글고 작은 과일인 아가위, 즉 산사나무 열매를 보면 현대인들은 "여기에 왜 배라는 이름이 붙었을까?" 의아하겠지요. 배보다는 사과에 가까우니까요. 하지만 전통적으로 우리 선조들에게 있어 과일의 전형은 사과가 아니라 배였던 것 같습니다. 배가 고유어인 반면 사과는 沙果·砂果 등으로 표기하며, 한자어로 인식이 되고 그조차 능금을 대신해 나중에 만들어진 말입니다. 능금 역시 림금(林檎)에서 변한 말이며 한자어에서 유래했다고 할 수 있지요.

즉 언어적으로 볼 때 배, 감, 밤과 같이 고유어 이름을 가진 과일이 우리나라에 더 오래전부터 있었던 것들이라 추정할 수 있습니다. 이러한 측면에서 사과와 배 중에서는 배가 더 전통적인 과일의 전형이었다고 할 수 있지요. 그래서 우리 선조들은 산사나무 열매를 더 친숙한 과일인 배에 빗대어 작은 배라는 의미에서 아가배라고 했던 것이지요. 팥알 모양의 붉은 열매가 열리는 나무를 팥배나무라고 한 것도 배라는 명칭이 열매 종류의 명칭으로 일반적으로 사용되는 것임을 보여줍니다.

추석을 우리말로 한가위라고 하지요. 그런데 옛 기록에는 한가위의 '가위'가 가배(嘉俳·嘉排)로 나타납니다. 오늘날 한자음으로는 가배이지만 예전 음으로는 가뷔이지요. 즉 가뷔란 말이 변하여 가위가 된 것입니다. 아가배 역시 마찬가지입니다. 옛말은 아가뷔였는데 이것이 변하여 아가위가 되었습니다. 그리고 지역에 따라 아가우, 아가바, 아갈배, 아고배, 아그배와 같은 변화형들이 나타났습니다.

이 단어가 왜 이렇게 불리게 되었는지, 왜 지역에 따라 다르게 불리기도 하고, 전혀 다른 것을 두고 같은 이름으로 불리는지를 추적하다 보면 생동하는 삶을 만나게 됩니다. 단어는 사람들의 삶 속에서 자연스럽게 생겨나기 때문이지요. 우리가 단어를 알아가는 과정은 사람들의 삶을 아는 과정이라고 보아야 할 것입니다.

【 12 】 수천 년 시간을 통과해 꽃을 피우기까지

ㅇ

성도의 해당화 십만 그루,

번성하고 화려하기가 천하에 당할 것이 없네.

_송나라 시인 육유(陸游)

양귀비에 비유하는 아름다운 꽃

단어를 알아가는 과정은 사람들의 삶을 아는 과정이라고 하였지요. 삶의 이야기를 생생히 담은 것으로 문학을 빼놓을 수 없습니다. 문학을 따라가다 보면 단어가 품은 다양한 이야기와 세계가 더욱 흥미롭게 다가옵니다.

옛 문학 작품 속에서 해당화는 다양하게 등장합니다. 우리 선조들은 중국의 해당화와 우리나라의 해당화가 다르다는 것을 일찍이 발견하고 문학 속에서 노래하고 있기도 하지요.

중국의 해당화가 우리나라의 해당화와 다른 꽃이라는 것을 앞서 이야기하였습니다. 그런데 여기서 우리는 한 가지 궁금증을 가질 수 있습니다. "우리나라 사람들은 중국의 해당화와 우리나라의 해당화가 다른 꽃이라는 걸 언제 알았을까?" 하고 말이지요. 이 질문에 대한 실마리 또한 문학 작품 속에서 찾아볼 수 있습니다.

중국에서는 꽃사과 종류를 해당화라 한다고 하였는데요. 이 해당화를 중국 사람들은 문학 속에서 어떻게 그려내고 있을까요?

북송 때의 문인 악사(樂史)가 쓴《양태진외전》에 다음과 같은 내용이 나옵니다.

> 황제가 침향정에 올라 양귀비를 불러오게 하였다. 때가 묘시(오전 5시~7시)였는데 귀비는 아직 술이 깨지 않았었다. (환관인) 고력사에게 명하여 시녀들로 하여금 부축해서 오게 하였다. 귀비는 취한 얼굴에 화장은 거의 지워졌고 머리카락은 흐트러지고 비녀는 비스듬히 꽂혀 있으면서 황제에게 절조차 올리지 못할 상태였다. 황제는 웃으며 말하길 "어찌 귀비가 취했다 하겠는가? 해당화가 아직 잠이 부족할 뿐이로다."라고 하였다.

《양태진외전》은 양귀비의 일대기를 중심으로 쓴 소설입니다. 위 소설 속 묘사처럼 해당화는 중국을 대표하는 미인인 양귀비에 대한 비유로 사용될 만큼 중국인들에게 아름다운 꽃으로 인식되었습니다.

현재 해당화(꽃사과)는 북경을 비롯하여 중국 전역에서 흔히 볼 수 있지만 원래는 서부 지역인 사천(오늘날 쓰촨), 특히 성도(오늘날 청두)를 대표하는 꽃이었습니다. 해당화가 얼마나 아름다웠는지 송나라 때 시인 육유는 성도를 노래한 시에서 극찬을 할 정도였지요.

성도의 해당화 십만 그루, 번성하고 화려하기가 천하에 당할 것이 없네.

중국과 한국 문인의 마음을 사로잡은 붉은 꽃

고향이 사천이었던 소동파[蘇東坡, 본명은 소식(蘇軾)]는 황주(오늘날 후베이성 황강시 황저우구)에 귀양 가서 해당화를 보고 고향 생각을 하며 자신의 처량한 신세를 〈정혜원해당〉이란 시로 읊었습니다. 정혜원은 당시 황주에 있던 사찰인데 귀양생활 중이던 소동파는 정혜원 동쪽에 거처를 정하여 살고 있었다고 합니다. 동쪽 언덕이란 의미인 동파(東坡)란 호도 여기에서 유래한 것이지요.

땅은 덥고 습하여 초목이 무성하니
유명한 꽃은 괴로이 외로움 견디고 있을 뿐이네.

대나무 울타리 사이에서 방긋이 웃음 지으니
온산을 뒤덮은 복숭아꽃, 오얏꽃 모두 거칠고 속될 뿐일세.
(중략)
하늘 끝까지 흘러왔으니 함께 (고향) 생각할 만하기에
한 잔 술 마시며 이 노래를 부르노라.
내일 아침 술 깨어 외로이 다시 오면
눈처럼 날리며 지는 꽃잎 어찌 마주할 수 있으랴?

복숭아꽃과 오얏꽃도 아름다운 꽃이지요. 그러나 소동파의 눈에 그 꽃들은 거칠고 속될 뿐입니다. 고향에서 즐겨보던 해당화를 덥고 습한 귀양지에 와서 보게 되자 처량한 자신이 더욱 구슬프게 여겨졌을 테지요.

이 시는 소동파의 시 가운데에서도 특히 널리 읽힌 작품이라 할 수 있습니다. 중국 역대의 명문을 모아 일종의 문장학습서로도 널리 보급되었던 《고문진보》에 이 시가 실려 있기도 합니다. 조선에서도 퇴계 이황, 성여학, 이선, 정약용 등 여러 사람이 이 시에 차운(次韻)하여 시를 짓기도 하였습니다.

중국 문인들은 여러 작품에서 해당화에 대해 묘사하였고, 이는 우리나라 작가들에게도 많은 영향을 끼쳤습니다. 대표적으로 고려시대의 문인 이규보는 해당화에 대해 다음과 같은 시를 남겼습니다.

선생이 애써 심은 뜻을 마치 아는 듯이
부러 맞추어 일찍이 피어났구나.
공비가 교태롭게 임춘각에서 모시고 있는 듯하고
무산신녀(巫山神女)가 한가로이 지나감을 비 내리는 양대(陽臺)에서
꿈꾸는 듯하네.
햇빛에 비치니 술 취한 듯한 얼굴이 더욱 붉어지고
수풀을 사이에 두고 부끄러운 듯 웃으며 머리 돌리네.
붉게 피었지만 꿈결처럼 잠깐 사이에 지고 말 것이니
내일 아침 술 가지고 올 것을 다시 기약하네.

이규보는 백분화의 집에서 해당화와 맞닥뜨립니다. 술 취한 듯 붉게 핀 꽃이 이규보의 눈을 사로잡았나 봅니다. 그러다 그만 꽃의 아름다움에 매료되어 백낙천의 시에 차운하여 이 시를 짓지요. 3~4구에서는 해당화를 공비와 무산신녀 등 미인에 비유하여 묘사하였고, 5~6구에서는 양귀비의 고사를 떠올립니다. 7~8구는 위에 인용한 소동파 시의 마지막 구를 연상시킵니다. 햇살을 머금은 붉은 해당화를 바라보며 때보다 일찍 피어난 이 꽃을 얼마나 반갑게 맞이했을지 이규보의 모습이 눈앞에 선한 듯합니다.

여기서 언급한 작품들 외에도 해당화는 중국 문인으로부터 한국의 문인들에게까지 작품의 소재로 즐겨 사용되었습니다.

강세황

〈해당화〉

18세기

21×25.5

국립중앙박물관

"사람들이 말하기를 이것이 해당화라 하네…?"

그러나 이러한 작품에서는 우리 선조들이 중국의 해당화와 한반도의 해당화가 다른 식물이라고 구분했었는지 확인하기 어렵습니다. 정보가 드러나지 않기 때문이지요. 오히려 중국의 해당화와 동일시한 것이 아닐까 하는 생각마저 듭니다. 우리는 다른 작품에서 선조들이 다름을 인식하였다는 실마리를 찾을 수 있습니다.

고려시대 문인들의 작품을 보면 바닷가 모래사장에 핀 해당화를 읊은 것들이 나타납니다. 고려시대 관리를 지낸 채우는 '해당화는 백사장에 점점이 붉게 피어 있고'라 노래했고, 고려시대 문인 안축도 '해당화는 백사장 둑에 피어나 / 고운 붉은 꽃 어지러이 말발굽에 묻히네'라고 하였습니다. 이 시들을 통하여 이미 13세기 말에는 현재와 같은 식물을 두고 해당화라 하였음을 알 수 있습니다.

우리나라의 해당화가 중국의 해당화와 다르다는 명확한 인식은 좀 더 이후에 찾아볼 수 있습니다. 이에 대해 우리는 조선시대 문인 서거정이 남긴 기록을 참조할 수 있습니다. 그는 '우리나라 풍속은 장미[매괴(玫瑰)]를 해당이라고 한다. 내가 일찍이 꽃에 관한 책을 살펴본 결과 강희맹의 집에서 옮겨온 것이 진짜 해당인 듯하지만 정말로 그런지는 알 수 없다'라는 서문을 달고 '매괴가 해당화란 이름을 훔쳤다'라고 노래했습니다.

중국의 매괴가 한국에서는 해당화임을 명확히 밝혔으나 다만 중국에서 해당화라 부르는 것이 자기가 강희맹으로부터 새로 입수한 그 꽃인 듯하나 분명하지는 않다고 하였습니다. 그러면서 중국의 해당화는 향기가 없다는 사실을 여러 시에서 거듭 강조하여 표현합니다.

이러한 인식은 조선 초기 문신 성현에게서도 분명히 나타납니다. 그는 〈매괴〉라는 시에서 이렇게 노래합니다.

매괴나무 한 떨기가 있는데
사람들이 말하기를 이것이 해당화라 하네
이슬 맞은 꽃은 꽃가루가 가벼이 씻겨나가고
바람 부니 향기가 살살 풍겨오네

이 시에서도 매괴를 해당이라 한다는 점을 노래하며 그 향기가 좋음을 말합니다. 시를 가만 읽다 보면 매괴나무를 두고 왜 해당화라 하는 걸까 의아해하는 표정이 보이는 것만 같지요.

중국 해당과 한국 해당이 다르다는 인식은 이후에도 여러 문헌에 나타납니다. 그 중 이덕무는 연행사의 한 사람으로 북경으로 가던 중에 중국에서 해당화를 보고 다음과 같이 구체적인 묘사를 했습니다.

◦

이인성

〈해당화〉

1944년

캔버스에 유채

228.5×146cm

국립현대미술관

> 아침에 점방(店房)에서 해당화를 보았다. 잎은 치자 같았다. 꽃은 철쭉 비슷하지만 크기가 작고 꽃잎이 다섯이었다. 줄기는 희고 향기가 없었다. 우리나라의 이른바 해당화라 하는 것은 향기가 있고 가시가 많으니 곧 붉은 장미(紅薔薇)를 말한다. 또는 매괴(玫瑰)라고도 한다.

실제로 중국에 가서 해당화를 보고 그것이 한국의 해당화와 어떻게 다른지를 기록하였습니다. 서거정은 자신이 기르는 꽃이 중국의 해당인 듯하나 확실히 그것이라고 단정하지는 못했지요. 그러나 이덕무는 실제로 중국에 가서 해당화를 보고 그 차이를 체험하여 기록했습니다.

옛 문학 작품을 읽다 보면 마치 수천 년 시간을 통과한 것만 같은 기분이 들 때가 있지요. 본 적 없는 과거가 눈에 보이는 것도 같습니다. 바닷가에 핀 해당화는 수백 년 시간을 그곳에서 피고 지고 피고 지며 셀 수 없는 사람들의 삶을 곁에서 바라보았을 것입니다. '작품 속 인물이 나에게 말을 걸어온다'라는 표현은 문학적 표현 이상의 의미를 담고 있는 것이겠지요.

【 13 】 겉으로 드러난 모습 속에 숨은 사연

○

사람들의 입에서 입을 거쳐 단어는 변화하고
새로운 단어가 탄생하기도 합니다.
비슷하게 발음되는 단어에서 유추해
비슷한 형태로 변화하지요.

강아지풀은 강아지 모양이 아니라 강아지꼬리 모양 아닌가요?

식물명에 대해 거의 모르는 사람이라도 강아지풀을 모르는 사람은 없을 것 같습니다. 매우 흔하게 볼 수 있으면서도 강아지 꼬리를 연상하게 하는 독특한 외형으로 인해 누구나 쉽게 식별할 수 있기 때문이지요.

강아지풀은 왜 강아지풀이라고 불리게 되었을까 생각해본 적 있나요? 아마 그 풀의 외형이 강아지처럼 생겨서라고 답하시는 분들이 많으실 겁니다. 그러나 강아지풀을 한번 들여다보세요. 사실 강아지풀의 이삭 부분을 강아지꼬리 모양이라고 할 수는 있겠지만 강아지

강아지풀을 그 외형 때문에 명명했다면 강아지풀이 아니라 강아지꼬리풀이라 하는 것이 타당해 보입니다.

모양은 아닙니다.

강아지풀의 중국어와 영어 이름을 보면 이를 더 잘 알 수 있지요. 중국어로는 개 구(狗)자와 꼬리 미(尾)자를 써서 구미초(狗尾草)라고 하고 영어로는 여우 꼬리 모양이라는 의미에서 foxtail이라고 부르지요. 그 외형 때문에 명명했다면 강아지꼬리풀이라 하는 것이 타당해 보입니다. 그런데 왜 한국어에서는 강아지꼬리풀이 아니라 강아지풀인 걸까요?

우리말에서 그 외형을 보고 이름 지어진 몇몇 재미있는 단어가 있습니다. 가령 노루궁둥이버섯은 노루궁둥이 모양이라는 의미에서 이름 지어졌습니다. 이 단어에서 궁둥이를 쏙 떼어버리고 노루버섯이라고 부르지는 않지요. 노루궁둥이처럼 생겨서 노루궁둥이버섯이라고 이름 붙여진 것이니까요.

노루의 몸 부분과 관련한 재미있는 단어는 더 있습니다. 이파리가 노루귀 모양으로 생겼다고 해서 노루귀라고 부르는 식물이 있지요. 또 아파트 현관문이 자동으로 닫히는 것을 막기 위해, 문 아래에 붙여 두고 위아래로 올렸다 내릴 수 있게 만든 장치인 노루발도 노루의 발처럼 생긴 생김새로 인해 이름 지어졌습니다. 이 역시 노루귀나 노루발을 단지 노루라고 표현할 수 없을 것입니다.

즉 생김새로 인해 이름 붙인 것이라면 강아지풀이 아니라 강아지꼬리풀 정도가 되어야 할 것입니다. 또 그렇다 하더라도 "강아지꼬리풀이 아니라 개꼬리풀일 수는 없었을까?" 하는 의문도 품어볼 수 있지요.

강아지풀이란 이름은 언제부터 나타나고 예전에는 무엇이라고 불렀는지를 알면 그 비밀이 풀립니다. 강아지풀은 15세기 문헌에 ᄀᆞ랏(ᄀᆞ랒)이란 형태로 나타납니다. 즉 ᄀᆞ랏이란 말이 변하여 강아지풀이 된 것이라 할 수 있습니다.[1]

ᄀᆞ랏은 단순히 강아지풀만을 뜻하지 않았습니다. 15~16세기 문헌에서 ᄀᆞ랏은 한자로는 강아지풀 랑(稂), 돌피 제(稊), 피 패(稗) 등의 글자에 대응합니다. 이를 통해 ᄀᆞ랏이 강아지풀만을 뜻하는 것이 아니라 곡식과 비슷한 잡초류 전반을 아울러 일컫는 말이었다는 것을 알 수 있습니다. 즉 현대어의 수크령, 강아지풀, 바랭이, 피 등을 총칭하여 ᄀᆞ랏이란 단어가 쓰였습니다.

ᄀᆞ랏이란 말에 접미사 '-이'가 붙어서 ᄀᆞ라지란 형태가 되고 또 ㆍ가 ㅏ로 바뀌면서 가라지가 되었다고 할 수 있지요.

그러나 여기까지 살펴보아도 의문은 여전히 남습니다. 가라지는 어쩌다 강아지풀이 된 걸까요? 이를 들여다보려면 지금은 잘 사용하지 않는 가라지라는 단어의 행방부터 찾아보는 것이 좋겠습니다.

"가라지를 뽑다가 밀까지 뽑으면 어떻게 하겠느냐?"

가라지라는 말을 들어본 적이 있으신가요? 가라지는 현대 국어사전에 실려 있기는 하지만 현재는 거의 사용되지 않는 단어입니다. 그러나《신약성서》를 읽어보신 적이 있다면 가라지를 들어보셨을 겁니다. 우리말로 번역한《신약성서》에는 이 단어가 쓰이고 있기 때문이지요.

예수께서 또 다른 비유를 들어서 그들에게 말씀하셨다. "하늘나라는 자기 밭에다가 좋은 씨를 뿌리는 사람과 같다. 사람들이 잠자는 동안에 원수가 와서, 밀 가운데에 가라지를 뿌리고 갔다. 밀이 줄기가 나서 열매를 맺을 때에, 가라지도 보였다. 그래서 주인의 종들이 와서, 그에게 말하였다. '주인 어른, 어른께서 밭에 좋은 씨를 뿌리지 않으셨습니까? 그런데 가라지가 어디에서 생겼습니까?' 주인이 종들에게 말하기를 '원수가 그렇게 하였구나' 하였다. 종들이 주인에게 말하기를 '그러면 우리가 가서, 그것들을 뽑아 버릴까요?' 하였다. 그러나 주인은 이렇게 대답하였다. '아니다. 가라지를 뽑다가, 가라지와 함께 밀까지 뽑으면, 어떻게 하겠느냐?

추수 때까지 둘 다 함께 자라도록 내버려 두어라. 추수할 때에, 내가 추수꾼에게, 먼저 가라지를 뽑아 단으로 묶어서 불태워 버리고, 밀은 내 곳간에 거두어들이라고 하겠다.'"《마태복음》 13장 24-30

최후의 심판에 대한 비유로 유명한《마태복음》 구절입니다. 19세기 말에《성경》을 우리말로 번역할 당시 영어의 weeds를 가라지라고 한 것인데, 100년이 넘은 현재까지도 바뀌지 않고 그대로 쓰이고 있습니다. 예전의《성경》 번역을 오늘날 이해하기 쉬운 말로 바꾸는 작업이 지속되고는 있으나, 가라지는 현대인이 잘 이해할 수 없는 말임에도 불구하고 꿋꿋이 생명력을 유지하고 있는 것이지요.

가령 예전《성경》 번역에서는 낙타를 약대라 번역하였으나, 지금은 이해하기 쉬운 낙타로 바뀌었습니다. 주기도문의 'thy(your) kingdom come'을 '나라이 임하옵시며'라고 하다가 지금은 '나라가 임하옵시며 / 아버지의 나라가 오시며 / 아버지의 나라가 오게 하시며' 등과 같이 이해하기 쉽도록 바꾸었습니다. 이처럼《성경》을 알기 쉬운 현대어로 바꾸는 작업이 지속되고 있습니다. 그러나 가라지만큼은 현재 잘 쓰이지 않음에도 여전히 사용되고 있지요.

아마 가라지를 강아지풀이나 잡초로 번역하면 해당 구절의 의미를 잘 전달하지 못한다고 판단해서가 아닐까 합니다. 원래 이 구절에서 의미하는 식물은 밀이나 보리 비슷하게 생겼지만 독성을 지닌 풀로 중동 지방에서 자란다고 합니다. 영어 번역에서는 이를 잡초 정도의 의미로 파악하여 weeds로 표현하였고, 한국어 번역에서도 마찬가지 이유로 가라지라고 표현했습니다.

가라지라는 단어는 시간이 갈수록 사용되는 경우가 줄어들어 현대 사람들은 거의 쓰지 않게 되었습니다. 지금은 오로지 《성경》의 일부 구절에만 남아 있지요. 《성경》을 읽는 사람들은 가라지란 단어를 문맥 속에서 인식하며 특수한 의미를 부여하게 되었고, 그 결과 새로운 《성경》 번역에서도 생명력을 가지고 지속되고 있다고 할 수 있습니다.

사람들의 입에서 입으로 단어는 자연스럽게 변화합니다

이처럼 점차 쓰이지 않는 단어가 된 가라지는 어쩌다 강아지풀로 바뀌었을까요? 여기에는 복합적인 요인이 작용하였다고 생각됩니다.

단순히는 강아지풀 모양이 강아지꼬리를 연상시킨다는 점에 주목해볼 수 있습니다. 그러나 앞서 이야기했듯이 그러한 의미만으로 이름을 붙였다면 강아지꼬리풀 또는 개꼬리풀이라고 해야지 단순히 강아지풀이라고 하지는 않았을 것 같습니다.

그래서 우리는 다음과 같은 요인을 더 생각해볼 수 있습니다. 우선 가라지와 강아지가 비슷한 음상을 지니고 있다는 점입니다. 강아지란 말은 이미 15세기 문헌에서부터 등장할 정도로 오랜 역사가 있습니다. 아래 단어들을 한번 소리 내어 말해보세요.

"강아지, 개야지, 개아지, 개지, 가야지"

발음이 유사하다는 느낌이 있나요? 지금은 조금 달라졌지만, 예전에는 개야지, 개아지, 가야지는 표기만 다를 뿐 실제 발음에 있어서는 거의 유사했습니다(강아지의 의미로 쓰인 가야지란 형태는 문헌에 나타나지는 않습니다). 근대 국어 시기에는 강아지를 뜻하는 말로 개야지, 개아지, 개지와 같은 말들도 함께 쓰이고 있었습니다.

단어는 사람들의 생활 속에서 자연스럽게 그 형태가 변화합니다. 오랜 시간 동안 사람들의 입에서 입으로 전해져 사용되며 사라지기도 하고 새로 생기기도 하지요. 그 과정에서 사람들은 익숙하게 사용하는 단어와 새로이 쓰이는 단어를 연관 지어 사용하다 세월이 흐르며 단어의 형태가 자연스럽게 바뀌고는 합니다.

가라지가 강아지로 바뀌어 사용된 것도 사람들의 생활 속에서 자연스럽게 바뀌었다 추정할 수 있습니다. 즉 가야지라는 말이 점차 잘 쓰이지 않게 되자 친숙하고 발음이 유사한 단어인 강아지가 이를 대체해 사용하게 된 것입니다.

버드나무 꽃과 씨를 본 적 있으신가요? 버드나무 꽃이 피고 나면 하얀 버드나무 씨가 봄철에 내리는 눈처럼 흩날리지요. 왜 갑자기 버드나무 꽃과 씨 이야기를 꺼내느냐면 버들강아지에 얽힌 재미있는 이야기를 알고 나면 '가라지 → 가야지 → 강아지'의 변화를 촉진시킨 또 다른 요인을 이해할 수 있기 때문입니다.

당나라의 시인 두보의 시를 우리말로 번역한 책《두시언해》에서는 유서(柳絮)를 번역하여 버들가야지, 버들개야지와 같이 씁니다. 이미 15세기부터 식물과 관련된 명칭으로 가야지란 형태가 쓰이고 있었다는 점을 알 수 있지요.

유서란 솜 같은 털이 달린 버드나무의 씨를 말하는 것인데요, 봄철에 버드나무 가지에서 떨어져 바람에 날리는 하얀 솜 같은 것을 보신 적이 있지요? 꽃이 진 다음 씨가 맺혀 그것이 날리는 것인데, 하얀 솜 속에 버드나무의 씨가 들어 있습니다. 바람에 날리는 버드나무 씨에는 솜 같은 털이 잔뜩 붙어 있어 둥그런 형태를 띠는데 그것을 한자어로는 버드나무솜이란 의미에서 유서라 하고 우리나라 말로는 버들가야지라고 했습니다.

사람들의 입에서 입을 거쳐 말이 쓰이면서 단어는 변화하고 새로운 단어가 탄생하기도 합니다. 비슷하게 발음되는 단어에 유추하여 비슷한 형태로 변화하지요. 버들강아지와 강아지풀도 이러한 경우라 생각됩니다.

15세기에는 가야지란 말이 강아지의 의미로 쓰인 예가 없어 버들가야지의 가야지가 강아지와는 관련이 없었던 것일지도 모르겠습니다. 그러나 근대국어 시기에는 가야지와 발음이 거의 유사한 개야지나 개아지가 강아지의 의미로 쓰였지요. 사람들은 흩날리는 하얀 버드나무 씨를 버들가야지라고 부르다가 당시 강아지를 뜻하는 말로 함께 쓰이던 개야지, 개아지, 개지를 연상하게 되었고, 버들강아지라는 새로운 이름으로 부르게 된 것이라 추정할 수 있습니다. 버들가야지가 버들강아지로 바뀐 것은 가라지가 강아지풀로 바뀌는 것에도 영향을 주었을 겁니다.

이처럼 버들강아지는 하얗게 흩날리는 버드나무 씨를 말하는 것이었지만, 요즘 사람들은 봄철에 버드나무 가지에 매달려 있는 녹색을 띤 버드나무 꽃송이를 버들강아지나 버들개지라고 생각하는 경향이 있지요. 그쪽이 더 강아지꼬리 모양처럼 생기기도 했으니, 강아지풀에 익숙한 사람들은 버드나무에 달린 강아지풀 모양을 보고 "저것이 버들강아지인가 보다!" 하는 생각을 가지게 되기 때문입니다. 즉 '가라지 → 강아지풀'이 되는 데는 '버들가야지 → 버들강아지'로의 변화가 영향을 주었는데 강아지풀이란 말이 굳어지자 이번에는 반대로 강아지풀이 버들강아지가 지칭하는 대상을 바꾸어버린 것입니다.

사전에서는 버들강아지와 버들개지에 대해서 '버드나무의 꽃. 솜처럼 날려 바람에 흩어진다'라고 설명하고 있습니다. '솜처럼 날려 바람에 흩어진다'라는 말풀이를 통해 유서와 동의어로 설명하고 있지요. 그러나 '버드나무의 꽃'이라 사전에서 기술하고 있는 건 식물학적으로는 잘못된 설명입니다. 씨와 그 씨를 둘러싼 솜털을 꽃으로 착각해서 잘못 표현한 것이지요.

아직까지 사전에서는 씨를 꽃이라 표현하는 오류를 제외하면 전통적인 의미로 설명하고 있으나 이 또한 시간이 지나면 변화할 수 있겠지요. 사람들이 버드나무 꽃을 버들강아지로 인식하는 경향이 굳어지면 사전에서도 '바람에 날리는 버드나무 씨'가 아니라 '버드나무 가지에 붙어 있는 버드나무 꽃'이라고 설명하는 날이 올지도 모르겠습니다.

버드나무 꽃.

강아지풀과 유사하게 생겨 버드나무 꽃을 버들강아지라고 부르는 사람들이 있지만, 예로부터 불리는 말에 따르면 버들강아지는 하얗게 흩날리는 버드나무 씨를 말한다.

◦

버드나무 씨.

봄이 되면 도시 곳곳에서 버드나무 씨가 흩날리고 솜털처럼 바닥을 가득 덮는다. 하얗게 뭉쳐져 있으니 꽃이라고 오해할 수 있으나 버드나무의 씨다.

【 14 】 한글로 이름을 쓰면 순우리말 이름일까?

ㅇ

언어는 사람들의 인식이 크게 작용합니다.
선호하는 분위기에 따라 많이 쓰이는 단어도 달라지지요.
이름도 마찬가지입니다.

신라시대 중엽 이전까지 널리 쓰이던 우리말 이름

제가 어렸을 때만 해도 순우리말 이름을 가진 사람이 거의 없었지만 요즘은 주변에서 순우리말 이름을 가진 사람을 쉽게 볼 수 있습니다. 연예인이나 유명인 중에도 많지요.

언어는 사람들의 인식이 크게 작용합니다. 선호하는 분위기에 따라 많이 쓰이는 단어도 달라지지요. 이름도 마찬가지입니다. 사람들의 인식과 선호하는 분위기에 따라 역사적으로 순우리말 이름과 한자 이름이 많이 쓰이는 흐름이 있었습니다.

신라시대 중엽 이전까지만 해도 이름은 모두 우리말식이었습니다. 김알지, 박혁거세, 이차돈, 거칠부 등 왕부터 일반인에 이르기까지 이름은 모두 우리말이었습니다. 원효대사의 원효(元曉)라는 이름도 으뜸 원, 새벽 효와 같이 한자로 쓰여 있기는 하지만 당시에는 이를 원효라고 읽지 않고 '이른 새벽'이라는 뜻의 우리말로 읽었다고 합니다.

그러다 당나라와의 밀접한 교류를 통해 한자 문화가 깊게 침투하면서 사람 이름도 성 한 자에 이름 두 자인 중국식으로 점차 바뀌었습니다. 이후 중국식 관행이 굳어지면서 한자 이름의 전통이 1300년가량 이어져왔습니다.

널리 쓰이고 있는 지금의 이름 제도라는 것은 중국식 제도를 받아온 것이므로, 그에 대한 반론이 1980년을 전후로 하여 강하게 나타났습니다. 나래, 나루 등 순우리말 이름을 쓰자는 주장이 어느 정도 힘을 얻었습니다.

그러나 사람들의 인식은 쉽게 바뀌지 않습니다. 결국 순우리말 이름이 자리를 잡는 데 실패합니다. 1300여 년 동안 지켜 내려온 관습에 얽매여서 한자 이름을 쓰는 분위기가 더 선호된 것이지요.

순우리말 이름이어서 놀림 받던 시절을 지나

1994년에 발행된 한 신문 기사를 볼까요. '한글 이름을 한자로 개명 신청 크게 늘어'라는 제목의 기사입니다. 당시에 순우리말 이름(신문기사에서는 '한글 이름'이라 하였습니다)을 한자로 개명 신청하는 경우가 많다고 했습니다. 당시 기준으로 순우리말 이름이 아직 전체 이름의 1%에도 미치지 못하고 있었음에도 대구지방법원에 1993년 한 해 동안 접수된 개명 신청 731건 가운데 순우리말 이름을 한자로 고치려는 경우가 60여 건으로 8.3%에 이르고 있다는 내용입니다. 유아기에는 문제가 없지만 커가면서 놀림 대상이 된다는 것이 개명 신청의 주된 이유였고, 개명 대상에 오른 이름은 하늘, 단비, 우람, 이슬비, 하나, 아람 등입니다. 현재의 기준으로는 이 이름들이 놀림의 대상이 된다는 것이 다소 의아하지만 불과 한 세대 전인 1994년만 해도 그랬지요.

순우리말 이름을 그다지 선호하지 않는 움직임은 10여 년 이상 이어집니다. 2006년 충북교육청에서는 순우리말 이름을 가진 학생 비율을 조사했는데요. 초등학교 1학년은 3.2%, 6학년은 7.4%, 고등학교 3학년은 8.8%으로[2] 순우리말 이름이 10년 사이에 5.6%p 낮아졌다는 결과를 발표합니다.

1년 뒤인 2007년 1월부터 9월까지 전주지방법원에 접수된 순우리말 이름을 개명하려는 신청이 100건 이상으로 전년도보다 10% 정도 늘어났고[3], 3년 뒤인 2010년에는 '1970년대 후반에는 우리말 이름을 가진 신생아 비율이 10%에 육박했으나 2010년 당시에는 7%도 안 된다'라는 조사 결과가 발표됩니다.[4]

그러나 순우리말 이름에 대한 인식은 2010년 이후로 다시 반전을 맞이하게 됩니다. 대법원 통계에 따르면 2013년 이후 10년간 순우리말 이름이 매년 꾸준히 증가하여 2013년 7.46%에서 2022년 14.86%로 2배 증가하였음을 보여줍니다.[5]

물론 이 통계 자료는 출생신고 시 이름을 바탕으로 통계를 낸 것이어서 우리가 생각하는 순우리말 이름만이 아니라 다양한 유형의 이름 중 한자를 등록하지 않은 이름을 말하는 것으로 추정됩니다. 가령 이 통계를 보도한 기사에는 다음과 같은 내용이 있습니다. "'다원'이라는 이름은 얼핏 보면 한문 이름 같지만 '다 원하는 사람으로, 사랑받고 자라라'는 뜻을 담아 지은 한글 이름입니다", "하나님의 성, 하나님의 땅이란 뜻을 가진 '시온'도 한문 이름이 아닙니다" 여기서 한문은 한자를 잘못 말한 것이지만 이를 감안하더라도 종래 기준에 따르면 다원은 한자 이름으로 인식되었을 것이고, 히브리어에서 유래한 시온을 순우리말 이름이라고는 할 수는 없습니다.

신라시대 중엽 이전까지

이름은 모두 우리말식이었습니다.

한자 문화가 깊게 침투하면서

사람 이름도 중국식으로 점차 바뀌었고,

중국식 관행이 1300년가량 이어져왔지요.

석가탑, 경주 불국사. 신라의 삼층석탑.

무라카미 하루키, 알베르토 모두 한글 이름입니다

김푸른솔, 이빛나리, 박하늘과 같은 이름을 흔히 한글 이름이라 부르는 경우가 많습니다. 그러나 한글이란 문자의 이름이므로 한글로 쓰면 다 한글 이름이 됩니다. 가령 김유신, 알베르트 아인쉬타인, 루쉰, 무라카미 하루키도 한글로 썼으니 한글 이름인 것이지요.

따라서 푸른솔, 빛나리, 하늘과 같은 이름을 한글 이름이라 하는 것은 적절한 표현이 아닙니다. 이 이름들은 한자에 기반하지 않은 순우리말로 된 이름이므로 순우리말 이름 내지는 고유어 이름이라고 하여야 합니다. 언어와 문자는 분명히 다른 것임에도 불구하고 이 둘을 혼동하여 표현하는 일이 많은데 한글 이름이란 명칭도 문자인 한글과 언어인 순우리말을 동일시하여 혼동한 결과 나타난 잘못된 표현입니다.

이름과 관련하여 문자와 언어를 혼동하여 말하는 경우가 또 있습니다. 골프선수 박세리와 야구선수 박찬호는 미국에서 활동할 때 Pak Se Ri와 Park Chan-ho라고 자신의 이름을 표기했었습니다. 그런데 사람들은 Pak Se Ri나 Park Chan-ho로 표기한 것을 두고 영어로 쓴 이름이라거나 심지어는 영어 이름이라고 말하기도 합니다. 그러나 Pak Se Ri나 Park Chan-ho는 한국어 이름인 박세리와 박찬호를 로마자로 표기한 것이지 영어로 된 새로운 이름을 만든 것이 아닙니다.

가령 골프선수였던 위성미를 Wi Sungmi나 Wi Seongmi와 같이 적었다 하더라도 이것은 한국 이름의 로마자 표기일 뿐이며 그녀의 영어 이름은 Michelle Wie인 것이지요. Pak Se Ri나 Park Chan-ho 등은 이름의 로마자 표기 내지 알파벳 표기라고 해야 합니다. 하지만 이런 표현이 일상생활에서는 잘 사용되지 않으니 이름의 영문표기 정도로 표현하는 것이 좋을 듯도 합니다.

1300년 전 중국식 이름에서 오늘날 영어식 이름까지

어떤 서류에 다음과 같은 양식으로 성명을 기재하게 되어 있다고 합시다.

성명	(한글)	(한자)	(영문)

우리는 한국 사람의 상황만 생각하지만 많은 외국인들이 실제로 한국에 와서 생활하고 이들도 이러한 서류를 작성해야 할 경우가 있

겠지요. 이들까지를 고려하여 다음과 같이 서류가 작성되었다고 해 봅시다.

①	성명	(한글) 홍길동	(한자) 洪吉童	(영문) Hong Gildong
②	성명	(한글) 김하늘	(한자)	(영문) Kim Haneul
③	성명	(한글) 장시온	(한자)	(영문) Jang Sion
④	성명	(한글) 양호설 양하오쉐	(한자) 楊皓雪	(영문) Yang Hoseol Yang Hao-Xue
⑤	성명	(한글) 석호필 프랭크 윌리엄 스코필드	(한자) 石虎弼	(영문) Seok Hopil Frank William Schofield

사람들은 일반적으로 ①과 같은 이름을 한자 이름, ②와 같은 이름을 한글 이름이라 하였습니다. 그러나 개념적으로 보면 ①~⑤에서 한글로 적힌 것은 모두 한글 이름입니다. 그래서 ②와 같은 경우를 순우리말 이름이라 하여야 한다고 했던 것입니다. 한자 이름에 대응하여 순우리말 이름이란 말을 써야 한다는 것이지요.

그런데 요즘은 ③과 같은 경우가 등장했습니다. 한자로 쓰지 않지만 그렇다고 순우리말에서 유래한 것도 아닌 이름이지요. 노아, 요한, 마리, 제인 등과 같은 이름은 외국식 이름을 한글로 쓴 이름입니다. 순우리말 이름이라고 할 수는 없습니다.

④와 ⑤는 외국인이 한국에 와서 생활할 때 나타나는 사례입니다. 한자표기를 가지고 있는 중국인의 이름은 그 한자를 한국음으로 읽을 수도 있고 중국음으로 읽을 수도 있지요. 외래어 표기법에 따르면 현대 중국인의 경우 중국음대로 적도록 규정되어 있으나 한국에서 생활할 때는 한국음대로 읽는 편이 여러 모로 편하기 때문에 상당수의 중국 유학생들이 '양하오쉐'보다는 '양호설'과 같은 방식을 택합니다. 즉 '양하오쉐'는 중국식 이름, '양호설'은 한국식 이름이며 이들은 한글, 한자, 영문으로 각기 적힐 수 있습니다. 서양 사람도 마찬가지인데요. ⑤의 예와 같이 '스코필드'와 같은 영어식 이름에 대해 '석호필'과 같은 한국식 이름을 새로 만들어 쓰기도 합니다. 이 역시 표기를 한글, 한자, 영문으로 할 수 있지요.

신라시대 중엽 이후 점차 한자 문화가 침투하면서 사람 이름도 중국식으로 점차 바뀌었습니다. 중국식 관행이 1300년을 지배하다가 현대에는 영어식 이름이나 부르기 쉬운 외국어식 이름을 선호하는 흐름으로 나타나고 있습니다. 국제사회가 되어 국경을 넘나들며 일을 하고 소통을 하는 일이 많아져가면서 앞으로는 이러한 분위기로 정착되어갈 것 같습니다.

[15]

지명의 의미를 알고 나면 지리가 새롭게 보인다

○

지역 이름이 가진 의미를 알고 나면
늘 다니던 길도 새롭게 보입니다.
공간을 보는 시야가 달라지기도 하지요.

순우리말 지명을 한자로 바꾸다

순우리말 이름에는 사람 이름만 있는 것은 아닙니다. 지명, 즉 땅이름에도 순우리말 이름이 있습니다. 대전(大田)을 한밭이라 부르는 것을 들어보신 적이 있을 텐데요. 한밭이 바로 그러한 예입니다. 한밭이란 큰 밭이라는 의미의 우리말 이름인데요. 원래는 한밭이라는 이름으로 쓰이다가 이것을 한자로 기록할 필요가 있어 한자의 뜻을 빌려 大田이라 표기하게 된 것입니다. 예전에는 공식문자가 한자였기 때문에 사람들이 한자 표기를 더 많이 보게 되었고, 그것을 점차 한자음대로 읽으면서 대전이란 명칭이 굳어지게 되었습니다.

대전이라는 명칭이 굳어진 데는 다른 이유도 있습니다. 군이나 시

단위의 명칭 중 서울을 제외하고는 순우리말 이름으로 된 것이 없고, 모두 한자어로 되어 있다는 점에서도 한밭이란 명칭이 공식적인 행정명칭으로 쓰이기는 어려웠을 겁니다. 서울도 공식 명칭이 된 것은 해방 후의 일입니다. 조선시대에는 한양(漢陽), 한성(漢城) 등으로 불렸으며 일제 강점기에는 경성(京城)이라 불리었지요.

그러나 동네 이름이나 특수한 지형의 명칭과 같이 작은 단위의 지명에는 아직도 순우리말 이름이 남아 있습니다. 특히 도시가 아닌 곳으로 갈수록 순우리말 명칭이 남아 있는 곳이 많이 있습니다. 감골, 밤고개, 숯골과 같은 지명은 전국 곳곳에서 찾아볼 수 있지요. 서울에도 공식 행정구역명은 아니지만 말죽거리, 버티고개, 서리풀 같은 순우리말 지명이 남아 있습니다.

이런 순우리말 이름들도 문헌에 공식적으로 기록하기 위해서는 한자로 적혀야 했습니다. 즉 순우리말 이름을 한자의 음과 뜻을 활용하여 적게 된 것입니다. 가령 노들나루, 노들섬, 노들강변에서 보이는 우리말 지명인 '노들'을 한자로 鷺梁(노량)이라 적었는데요. 노량에서 앞글자 鷺(해오라기 로)는 한자의 음을 취하여 적은 것이고 뒷글자 梁(돌 량, 들보 량)은 뜻을 취하여 적은 것입니다. 여기에 나루를 뜻하는 津(나루 진)을 붙여 노량진이란 지명이 된 것입니다.

즉 우리말 지명인 노들을 한자로 鷺梁(노량)으로 적었고 시간이 흐르며 공식 명칭이 노량이 된 것이지요. 현재 노량진동에는 9호선

◦ 고유어 노들을 한자로 노량이라 적었다. 노들섬과 노들역 등에 붙은 노들이 노량의 우리말 지명이다.

노량진역과 노들역이 있지요. 다른 지역을 부르는 이름처럼 느껴졌을지 모르나, 이 지역의 이름에 얽힌 이야기를 알고 난 이후부터는 한 곳은 순우리말 지명을 살린 것이고 한 곳은 한자의 음과 뜻을 취한 것이라는 사실을 쉽게 알 수 있습니다.

영화 제목으로도 유명한 명량(鳴梁)은 한자의 뜻을 활용하여 적은 예입니다. 진도와 육지 사이의 좁은 해협에 물살이 매우 거세게 흐르는데 그 소리가 커서 마치 우는 듯이 들린다 하여 울돌목이라고 합니다. 울돌목을 한자의 뜻으로 적어 鳴(울 명)과 梁(돌 량)이라 한 것인데 현재에 와서 공식 명칭은 명량이 되어버렸습니다.

다르게 보이지만 알고 보면 같은 곳

순우리말 지명은 한자로 표기된 후 본래의 이름을 잃어버리고 한자음으로 읽는 이름으로 대체되는 것이 일반적이지만 필요에 따라 현재 두 지명이 같이 쓰이는 예들도 있습니다.

애오개와 아현이 그렇습니다. 서울 충정로에서 마포 방향으로 가려면 작은 고개를 넘어야 합니다. 이 고개를 애오개라고 하는데요, 지금의 아현동이지요. 애오개는 순우리말 지명입니다. 애고개라는

아현의 순우리말 지명인 애오개는 역이름으로 남아 옛 이름의 흔적을 찾을 수 있다.

뜻의 애오개를 한자로 兒(아이 아)와 峴(고개 현)으로 적은 후 이를 음으로 읽어 아현이 되었지요. 현재는 첫 번째 한자인 兒(아이 아)자를 阿(언덕 아)자로 바꾸어 阿峴(아현)으로 적고 있습니다.

순우리말 지명이 한자 표기로 된 후에는 한자를 음으로 읽는 방식의 형태만 남게 되는 것이 일반적인데요. 아현과 애오개는 두 지명이 오늘날에도 모두 같이 쓰이고 있습니다. 아현은 서울 지하철 2호선의 역명인 아현역으로, 애오개는 5호선의 역명인 애오개역으로 사용되고 있지요. 같은 동네에 위치한 두 역을 지칭하기 위해 한자어 지명과 순우리말 지명이 구별되어 사용되고 있는 것입니다. 앞서 본 노

순우리말 지명인 한티는 한자의 뜻과 음을 살려 대치가 되었다. 한티와 대치는 같은 지명을 나타내지만, 다른 역명으로 쓰여 마치 다른 지명인 듯 인식되고 있다.

량진역과 노들역처럼 말이지요.

이와 유사한 예로 대치와 한티가 있습니다. 큰 고개라는 뜻의 한티를 한자의 뜻과 음을 살려 大(큰 대), 峙(고개 치)로 적었으므로 대치는 원래 한티로 읽어야 하며 표기만 한자로 하였을 뿐 같은 지명을 나타내는 것입니다. 그런데 대치는 3호선 지하철 역명 대치역으로 사용되고 있고, 한티는 수인분당선의 역명 한티역으로 쓰이고 있지요. 마치 다른 지명인 듯이 인식되고 있습니다.

지명 의미만 알아도 지리가 새롭게 보인다

같은 지역명은 아니지만 이미 존재하는 역 이름이 중복되어 순우리말 지명이 선택되는 경우도 있습니다. 지하철 6호선의 새절역이 그렇습니다. 새절역이 위치한 곳의 행정구역 명은 신사동(新寺洞)이므로 일반적인 예에 따라 신사역이란 명칭이 부여되어야겠지만, 이미 3호선에 신사(新沙)역이 있었으므로 이 이름을 피하여 신사(新寺)의 옛 이름인 새절을 취하여 역명을 부여했습니다. 즉 역사적으로는 새절이란 순우리말 지명을 한자를 빌려 新(새 신), 寺(절 사)로 적게 되었고 이 신사(新寺)라는 명칭이 새절을 대체하여 공식 명칭으로 쓰이다가 역명을 정할 때에는 다시 순우리말 지명 새절이 부활한 것입니다.

지하철 2호선의 잠실새내역도 순우리말 지명을 되살려서 역명을 바꾼 사례입니다. 원래 이름은 신천역이었는데요, 같은 2호선에 위치한 신촌역과 발음이 비슷하여 혼동되기도 한다는 요인도 있었으나, 잠실이란 명칭을 앞에 붙여야 한다는 지역 주민의 요구도 받아들여 新(새 신), 川(내 천)이란 이름을 옛 지명식으로 훈독하여 새내라는 이름을 되살린 것입니다.

요즘에는 이렇게 한자어 지명을 순우리말 지명으로 바꾸어 역명을 정하는 경우가 증가하고 있습니다. 그러나 불과 30여 년 전에는 이 반대였습니다. 1993년 지하철 4호선이 연장 개통했을 때, 벌말이라는 역이 있었습니다. 그런데 사람들의 반응이 좋지 않았습니다. 촌스럽다는 것이었죠. 게다가 당시만 해도 대부분 지하철역이 한자어로 된 행정구역상 공식 동명과 일치하는 것이 관례였습니다. 그래서 결국 벌말이라는 순우리말 이름을 버리고 이를 한자로 표기한 평촌이란 이름으로 개정하였습니다. 벌말을 한자음으로 바꾸어 坪(벌 평)에 村(마을 촌)을 쓴 것이지요. 뜻을 살려 우리말로 읽으면 벌말이 되고 한자음으로 읽으면 평촌이 됩니다.

당시만 해도 지금처럼 순우리말을 존중하고 되살리려는 공감대가 전혀 형성되어 있지 않았습니다. 그러나 현재는 이 반대의 현상이 나타나고 있지요. 한자어를 버리고 순우리말을 채택하는 경우가 늘고 있으니까요. 참으로 격세지감을 느끼게 됩니다.

지역 이름이 가진 의미를 알고 나면 늘 지나다니던 길도 새롭게 보입니다. 긴 역사의 흐름 속에서 내가 살고 있는 고장의 이름과 동네 이름이 생겼기 때문이지요. "아, 이 길에는 그런 이야기가 숨어 있었구나!", "이 지역에는 이러한 역사가 있구나!" 알게 되면 공간을 보는 시야가 달라지고, 생각의 관점이 달라지기도 합니다. 시간의 흐름 속에 있는 나를 깨닫게 되기도 하지요. 지금 살고 있는 고장의 옛 이름을 한번 찾아보세요. 몰랐던 이야기를 발견하게 될지 모릅니다.

【 16 】 사전 편집자의 실수로 탄생한 이름

○

학정초가 학항초가 된 사연을 알기 위해서는
최초의 현대식 한국어 사전부터
들여다보아야 합니다.

내가 식물 이름을 탐구하는 이유

저는 국어의 역사를 연구하다 보니 단어의 어원에 대해서도 많은 관심을 가지게 되었습니다. 그래서 옛 문헌을 보다가 현대와 다른 형태를 지닌 단어들을 만나게 되면 그 단어들이 어떠한 역사적 변천을 겪어 오늘에 이르게 되었는지, 또 그 단어의 어원은 무엇일지 하는 문제들을 탐구할 기회가 여러 번 있었습니다. 그러면 그 내용을 정리하여 논문으로 발표하기도 했고 수필처럼 자유롭게 써서 잡지에 게재하기도 했었습니다. 경우에 따라서는 간단히 구두 발표만 하고 정식 글로 옮기지 못한 채 묵혀 두기도 했지요.

몇 번 그런 작업을 하고 나서 제가 관심을 가지고 다룬 단어들이 모두 식물 이름이었다는 사실을 우연히 깨닫게 되었습니다. 처음부터 식물 이름에 관심을 가진 것이 아니라 국어사적으로 흥미로운 단어들을 한둘 정리하다 보니 그것이 모두 식물명이었던 것이지요.

제 성향이 식물적이어서 그런 결과가 나온 것인가 하는 생각도 해보았으나 저는 이 원인을 식물이 가진 특성에서 찾고자 합니다. 어떤 식물은 인간이 이 땅에 살기 전부터 존재해왔고 또 외국으로부터 전래되어왔어도 길게는 몇 천 년, 짧아도 몇 백 년의 역사를 지니고 있는 경우가 많습니다. 즉 식물명 상당수가 오랜 역사를 지니고 있는 것이지요.

또 일반적으로 식물은 전국적으로 분포하고 있어서 지역에 따라 달리 불리는 경우가 많습니다. 즉 방언형이 다양하게 나타납니다. 게다가 식물은 잎이 날 때, 꽃이 필 때, 열매가 열릴 때, 잎이 다 떨어졌을 때 각기 다른 모습을 보여줍니다. 같은 식물이라도 잎, 꽃, 열매, 줄기, 심지어는 뿌리까지 어느 부분에 주목하느냐에 따라 다른 이름이 부여될 수 있습니다.

한 식물의 이름이 시대적, 지역적으로뿐 아니라 식물 특성에 따라 여러 분화형을 가지게 되므로 검토하고 논의할 거리가 많습니다. 또 식물의 이름을 명명할 때 잎, 꽃, 열매, 줄기, 뿌리 등의 모양, 용도, 색깔에 따라 명칭이 부여되기도 하므로 명명법의 관점에서도 논의할 식물명 상당수가 오랜 역사를 지니고 있습니다.

길게는 몇 천 년,

짧아도 몇 백 년의 역사가 있지요.

잎, 꽃, 열매, 줄기, 뿌리 등의

모양, 용도, 색깔에 따라 명칭이 부여되기도 하므로

생각할 거리가 많아 파고들다 보니

저는 자연스럽게 식물 이름을

탐구하고 있었습니다.

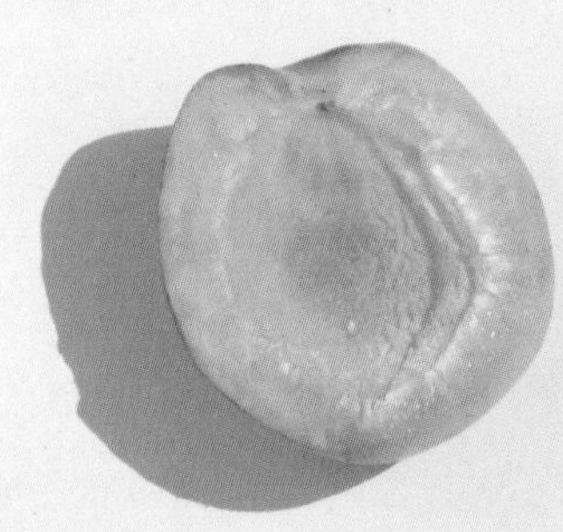

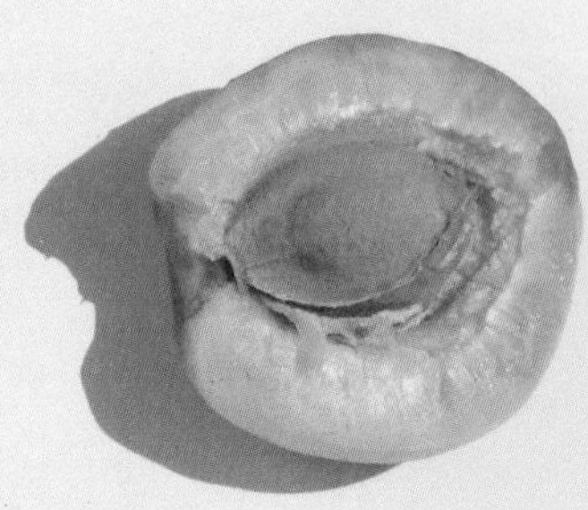

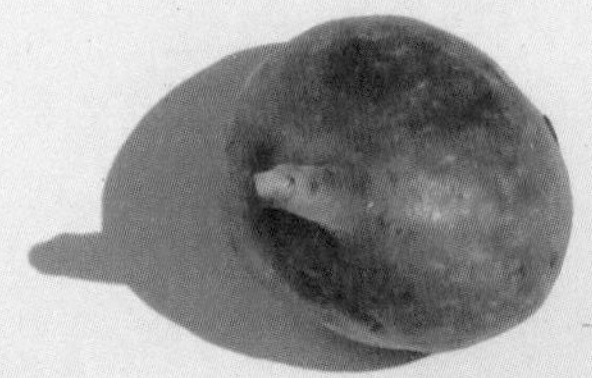

거리가 많습니다. 그러한 명칭이 부여된 이유를 탐구하기도 쉬운 편이어서 그 어원을 밝히기도 상대적으로 용이하다고 할 수 있습니다. 하나의 식물에서 생각할 거리와 탐구할 거리가 많아 파고들다 보니 저는 일부러 의도하지 않았는데도 자연스럽게 식물이름을 탐구하고 있었던 것입니다.

누가 시킨 것도 아니고 특별히 신경 쓴 것도 아닌데 왜인지 알고 싶고 궁금한 것들이 있지요. 탐구하는 당시에는 이유를 알 수 없어도 그러한 것들이 하나둘 쌓이고 어느 순간 뒤돌아보면 어떤 궤적이 만들어져 있기도 할 것입니다. 자신만의 색깔이나 강점이나 성과라고 할 수 있는 것이 생겨나 있기도 하겠지요. 자연스럽게 생겨나는 흥미와 관심을 스스로 존중하고 흠뻑 빠져들어보시기를 권해봅니다.

거위발을 닮기도 하고, 붉은 화장을 한 것 같기도 한 식물의 정체

명아주라는 식물을 알고 계신가요? 우리나라 전역에 자생하는 한해살이 풀입니다. 이 이름을 처음 듣는 분도 계시겠지만 사진을 보고 주변에서 찾아보시면 우리나라 어디서든 흔하게 발견할 수 있는 풀입니다.

제가 명아주에 관심을 가지고 얼마 지나지 않아 헝가리에서 열리는 학회에 참석할 일이 있었습니다. 그곳에도 명아주가 있나 찾아보다가 헝가리 초원에도 명아주가 자라고 있다는 사실을 확인할 수 있었습니다. 아마도 유라시아 대륙 전체에 자생하는 것이 아닐까 합니다.

명아주는 잎이 거위 발 모양으로 생겼고 어린잎의 가운데에는 붉거나 흰 가루가 잔뜩 묻어 있는 것이 특징입니다. 우리나라 식물학자들이 붙인 공식 명칭으로는 붉은 가루가 있는 것을 명아주, 흰 가루가 있는 것을 흰명아주라고 합니다. 명아주는 생장조건이 좋으면 1m 이상, 3m까지 자라기도 하는데 굵은 명아주의 줄기는 가을에 채취하여 말려서 지팡이로 사용하기도 하지요. 명아주 줄기로 만든 지팡이를 청려장(靑藜杖)이라 하는데, 나무보다 가볍고 탄력성이 있어서 고급 지팡이로 각광받습니다. 명아주보다 잎이 좁고 가늘며 키도 훨씬 작은 좀명아주도 주변에서 흔하게 볼 수 있지요.

명아주의 학명은 Chenopodium album var. centrorubrum인데요. Chenopodium album은 스웨덴의 식물학자 카를 폰 린네가 붙인 이름으로 chen은 거위, podium은 발, album은 희다는 의미입니다. 잎이 거위 발을 닮았고 흰색 가루가 묻어 있기 때문에 이런 이름이 붙은 것이라 할 수 있습니다. 영어로도 명아주를 잎이 거위발 모양이라는 점에 연유하여 goosefoot이라 하기도 하고 돼지사료로 쓰인다는 점

붉은 명아주.

에서 돼지잡초란 의미의 pigweed라 하기도 합니다.

변종명으로 centrorubrum이 있는데요. 이 이름은 일본인 식물학자 마키노 도미타로가 붙인 것입니다. centro는 중심, rubrum은 붉다는 의미로 붉은명아주를 말합니다. 유럽에는 붉은명아주가 흔하지 않기 때문인지 흰명아주를 기본으로 학명을 정하였는데 일본인 학자가 붉은명아주의 학명을 따로 붙였습니다. 우리나라 식물학자들은 일본인 학자가 붙인 학명을 그대로 명아주에 대응시켜 국명으로 삼았지요. 따라서 우리나라에서는 공식적으로 명아주라고 하면 붉은명아주를 의미합니다. 흰 가루가 있는 것은 따로 분류하여 흰명아주라고 합니다.

한편 북한에서는 명아주를 능쟁이라고 하는데요. 남한에서 명아주라고 부르는 것은 북한에서 붉은능쟁이라고 하고, 흰명아주는 능쟁이라고 하지요. 즉 우리는 붉은 가루가 있는 명아주를 기본 품종으로 본 데 반해, 북한에서는 흰 가루가 있는 흰명아주(능쟁이)를 기본 품종으로 삼았습니다. 그러나 이것은 식물학점 관점에서의 이야기이고 대개 사람들은 흰명아주와 붉은명아주를 구분하지 않고 명아주라고 하는 것이 일반적입니다.

명아주는 한자로 藜(려)라고 합니다. 한자 藜(려)자는 다소 어려워 보이지요. 위에서 명아주 지팡이를 청려장이라고 하였는데 그때 가운데 쓰이는 한자입니다.

명아주를 칭하는 한자어 명칭 중 홍심려(紅心藜), 연지채(臙脂菜), 학정초(鶴頂草)가 있습니다. 이 이름도 모두 명아주가 붉은 색 가루를 가지고 있다는 점에서 이름 지어졌습니다. 홍심려는 중심부가 붉다는 것이니 매우 직관적인 명명이라 할 수 있지요. 연지(臙脂)는 '볼이나 입술에 칠하는 붉은 색 화장품'을 뜻하는 말이니 명아주가 마치 붉은 색 화장을 한 듯하다는 비유적 의미로 연지채라 명명하였어요.

학정초도 마찬가지입니다. 학의 정수리 부분이 붉은 까닭에 학을 흔히 단정학(丹頂鶴)이라 하지요. 즉 학정초란 학의 정수리처럼 윗부분이 빨간 풀이라는 뜻에서 붙은 이름입니다.

사전 편집자의 실수로 탄생한 이름, 학항초

그런데 우리나라 국어사전을 보면 흥미로운 사실을 알 수 있습니다. 명아주를 칭하는 학정초란 단어 대신에 학항초란 단어가 다음과 같이 실려 있습니다.

학항-초(鶴項草): 〈명사〉《식물》 명아줏과의 한해살이풀. 줄기는 높이가 1m, 지름이 3cm 정도이며, 녹색 줄이 있다. 잎은 어긋나고 세모

꼴의 달걀 모양으로 가장자리에 물결 모양의 톱니가 있다. 여름에 누런 녹색 꽃이 원추(圓錐) 화서로 줄기 끝이나 잎겨드랑이에서 피고 열매는 포과(胞果)이다. 어린잎과 씨는 식용한다. 들이나 길가에 저절로 나는데 한국, 일본, 만주 등지에 분포한다.=명아주.

학항초란 글자 그대로 풀이하면 '학의 목처럼 생긴 풀'이란 뜻이 됩니다. 학의 목은 길고 하야니까 아마도 흰 색의 긴 풀이 있다면 그것을 학항초라 부를 법합니다. 그러나 명아주의 생김새는 학의 목과는 별 관련이 없습니다. 왜 학정초가 아니라 학항초라 하였을까요?

여기에는 흥미로운 사연이 있습니다. 사전을 만들 때 글자를 잘못 처리하였기 때문에 이렇게 된 것입니다. 학정초가 학항초가 된 사연을 알기 위해서는 최초의 현대식 한국어 사전부터 들여다보아야 합니다.

최초의 현대식 한국어 사전은 1920년에 출간된 《조선어사전》으로 표제어가 총 5만 8000여 개에 달하는 대사전입니다. 이 사전은 1911년부터 조선총독부가 주관하여 편찬되었습니다. 이 사전의 원고는 한국어 단어를 표제항으로 하고 그 하단에 한국어와 일본어로 뜻풀이를 하는 방식으로 작성이 되었는데, 정작 출판할 때에는 한국어 뜻풀이 부분은 삭제하고 일본어 뜻풀이 부분만 넣었습니다. 따라서 현재로서는 제대로 된 한국어 사전으로 이용하기는 어렵습니다.

그러나 이 사전이 간행된 이후 만들어진 다른 국어사전들은 대개 이 사전을 참고하여 이루어졌다고 할 수 있어서, 사전학적인 측면에서는 가치가 크다고 할 수 있습니다. 이 사전의 원고가 현재 서울대학교 규장각한국학연구원에 남아 있어 간행되지 않았던 한국어 뜻풀이 부분도 확인할 수 있습니다.

사전에 언제부터 학정초가 학항초로 잘못 등재되었는지를 확인하기 위하여 최초의 사전인 조선총독부의《조선어사전》부터 살펴보면, 이《조선어사전》에서 이미 鶴項草(학항초)로 되어 있음을 확인할 수 있습니다. 그래서 이 항목이 원고에서는 어떻게 되어 있는지를 다시 찾아보았습니다. 결과는 매우 놀라웠습니다. 왼쪽 사진에서 볼 수 있듯이 손으로 쓴 원고본에는 처음에 頂(정)으로 썼다가 끝부분 획을 굵게 개칠하여 項(항)으로 수정한 것을 확인할 수 있습니다.

즉 사전 편집자가 애초에는 鶴頂草(학정초)로 바르게 썼으나 頂(정)을 項(항)으로 착각하여 음을 달 때는 鶴頂草(학항초)라고 써 넣은 것입니다. 그리고 교정을 보다가 한자가 틀렸다고 생각하여 頂(정)을 項(항)으로 수정하고 만 것입니다. 이후 인쇄 시에는 교정된 원고 그대로 출판

頂(정)으로 썼다가 項(항)으로 수정한 흔적.

이 되어 사전에 버젓이 鶴項草(학항초)라는 실제로 존재하지 않는 단어가 실리고 말았습니다.

이후의 사전들은 이를 무비판적으로 수용하여 현재의 《표준국어대사전》이나 국립국어원에서 운영하는 우리말 사전 사이트 〈우리말샘〉에서까지도 학정초가 아닌 학항초가 등재되어 있는 상황이 이어지고 있습니다.

대개 사람들은 사전에서 기술하고 있는 것을 맹신하는 경향이 있는 것 같습니다. 사전에 이렇게 나와 있으니까 항상 옳다고 생각하는 것이지요. 그러나 사전도 사람이 만드는 것입니다. 뜻풀이가 잘못되어 있는 것도 많지요. 사전 기술하는 사람이 모든 분야에 정통한 전문가이지는 않으므로 정확한 지식이 없다면 비슷한 다른 풀이를 할 가능성도 있는 것입니다. 그러니 사전에서 기술하는 내용이라고 해서 항상 옳지는 않다는 것을 인지하고 사전을 비판적으로 수용할 필요가 있습니다.

학정초가 학항초가 된 사연 이외에도 명아주는 흥미로운 이야기를 지니고 있습니다. 조금 더 이야기 속으로 들어가볼까요?

[17] 사연을 알고 나서도 한낱 잡초로 보일까?

○

잡초라 여기며 지나치기 쉬운 식물 하나가
이처럼 다양한 생각거리를 건네고 있습니다.
오늘 이후부터는 이 식물이 달리 보이지 않을까요?

시간과 공간에 따라 여러 이름을 가진 식물

명아주는 우리 주변에서 흔히 볼 수 있는 한낱 잡초이지만 어휘사적으로 재미있는 문제들을 많이 던져주는 흥미로운 단어입니다. 앞에서 명아주를 뜻하는 단어 학정초가 학항초가 된 흥미로운 사연을 들려드렸지요. 이 외에도 명아주는 시간과 공간에 따라 여러 이름으로 불리고 있고, 그 속에는 다양한 이야기가 담겨 있습니다.

명아주와 직접 관련되는 명칭은《유합》이란 책에 명회(藜)라는 형태로 처음 등장합니다. 그러다 명화, 명화지와 같은 형태가 나타나고 이것이 다시 명아지로 변화합니다. 이 명아지가 변하여 오늘날 명아주가 된 것이지요.

《유합》은 한자 학습서입니다. 편찬은 16세기경에 되었으나 오늘날 우리가 볼 수 있는 것은 17세기 후반에 간행된 책뿐입니다.《천자문》,《훈몽자회》,《유합》 같은 한자 학습서들은 한자의 자형을 위에 제시하고 그 아래에 한글로 해당 한자의 뜻과 음을 제시하는 방식으로 되어 있는데요. 흔히 형(形), 음(音), 의(意)를 한자의 3요소라 합니다. 즉 우리가 한자를 학습하기 위해서는 '天'이라는 한자의 자형[형(形)], 그리고 그 소리[음(音)]는 '천'이라는 것과 그 의미[의(意)]는 '하늘'이라는 것을 알아야 하기 때문에 형, 음, 의를 한자의 3요소라고 하는 것입니다.

한자 학습서에는 이 한자의 3요소가 반드시 나타나게 마련입니

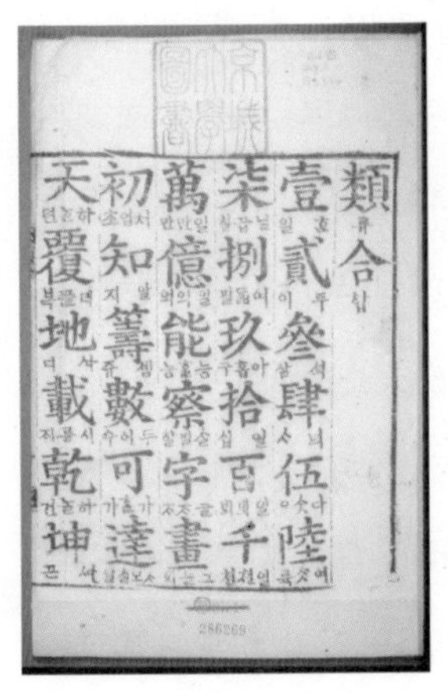
類合
壹貳參肆伍陸
柒捌玖拾百千
萬億能察字畫
初知籌數可達
天覆地載乾坤

ㅇ 한자 학습서《유합》(출처: 한국민족문화대백과사전)

다. 그리고 그 한자 학습서에 나타나는 한자의 뜻은 일반적으로 의고적인 형태를 유지하는 경우가 많습니다. 가령《천자문》의 제일 앞 두 글자 天地에 대해 흔히 '하늘 천', '따 지'라고 말하는 것을 들어보셨을 겁니다. 地를 왜 '땅 지'라 하지 않고 '따 지'라고 할까요?

예전에는 '땅'이 아니라 'ᄯᅡ'라고 했기 때문입니다. 즉 한자 학습서에 나타나는 한자의 뜻은 이렇게 예전의 형태를 유지하고 있는 일이 많습니다.

그럴 듯해 보여도 근거가 없다면 조심스레 추측할 따름이다

명회라는 단어가 17세기에 간행된《유합》에 처음 나타나지만《유합》이 16세기에 편찬되었고 한자 학습서에 나타나는 한자의 뜻이 일반적으로 의고적이라는 점을 고려할 때 명회라는 단어가 그 이전 시기부터 존재했을 가능성은 있습니다. 그러나 우리가 가지고 있는 자료로서는 17세기에 처음 등장했다고 설명할 수밖에는 없겠지요.

명회의 어원은 알기 어려우나 '회'에 대해서는 다음과 같은 점을 고려해볼 수 있습니다. 명아주를 중국에서는 '재와 같은 흰 가루가 묻어 있는 풀'이라는 점에 착안하여 재풀이란 의미의 회채(灰菜)라고 합니다. 또 제주 방언에서도 명아주를 재나무라는 뜻에서 제낭이라고 하고, 또 재풀이란 의미에서 제쿨이라 하지요. 이런 측면에서 아마도 명회에서 '회'는 '재'를 뜻하는 한자어 灰(재 회)와 관련이 있는 것으로 추정됩니다. 그렇다면 명회에서 '명' 역시 한자어 明(밝을 명)이 아닐까 하고 조심스레 가정해보지만 이에 대한 근거는 찾을 수 없으므로 가정에 그칠 뿐입니다.

명회에 대해서는 가정이라도 해볼 수 있으나 명화는 더 어려운 문제를 안고 있습니다. 문헌에 나타나는 순서상 '명회 → 명화'의 변화를 상정해야 하는데 일반적인 음변화로는 이를 설명하기 어렵기 때문이지요. 음변화로 설명하기 어렵다면 다른 무언가에 이끌려서 유추되었다고 해야 할 텐데 무엇에 이끌렸다고 볼 만한 것도 없어서 현재로서는 명회가 명화로 바뀌었다는 현상 외에는 달리 기술할 방법이 없습니다.

한편 명화지에 대해서는 일부 어원사전에서 '명화+菜(친)'로 보고 명화지의 '지'가 한자어 菜(친)에서 기원한 것으로 설명하기도 하였습니다. 그러나 배추(白菜), 상추(生菜), 시금치(赤根菜) 등과 같이 '친'가 '추·치'로 변화는 하여도 '재'로 변화하지는 않는다는 점에서 이러한 설명은 받아들이기 어렵습니다.

여기에서는 명화지가 '명화+지(灰)'와 같은 구성에 의해 만들어진 것으로 추정하고자 합니다. 앞서 살펴보았듯이 명아주는 그 외형상 한자어 灰(재 회)와 관련이 있고 중국어, 제주 방언 등에서도 '재'와 관련된 명칭을 가지고 있기 때문이지요. 이상에 따르면 '명화지 → 명아지 → 명아주'와 같은 변화 과정을 거쳐 오늘날의 명아주가 되었다고 설명할 수 있습니다.

언어와 지역이 달라도 단어에는 생활상이 묻어납니다

명아주의 원래 형태인 명회라는 단어가 17세기 문헌에 처음 나타난다고 하였는데요. 그렇다면 그 이전에 명아주는 무엇이라고 불렸을까요? 명아주를 뜻하는 한자는 藜(명아주 려)입니다. 15세기 문헌에서 藜는 도ᄐᆞ랏이라고 번역이 되어 있지요. 즉 명아주의 옛말은 도ᄐᆞ랏인 것입니다. 모든 단어의 어원을 추적할 수 있는 것은 아니지만 도ᄐᆞ랏은 도토리와 형태가 유사한 측면도 있고 해서 뭔가 더 설명할 수 있을 듯한 느낌을 자아내지만 확실히 무어라고 하기는 어렵습니다.

그런데 대부분의 문헌에 도ᄐᆞ랏이라고만 나오는 데 비해 특이하게 《삼강행실도언해》에 도ᄐᆡᄋᆞ랏이란 형태가 등장합니다. 여기서 우리는 도ᄐᆡᄋᆞ랏이 도ᄐᆞ랏보다 근원적인 형태임을 추정할 수 있습니다. 즉 도ᄐᆡᄋᆞ랏에서 모음 ㅣ와 ㆍ가 탈락하여 도ᄐᆞ랏이란 말이 되었다고 볼 수 있습니다.

그렇다면 도틔ᄋᆞ랒은 무엇일까요? 강아지풀을 설명할 때 이야기했던 ᄀᆞ랒(ᄀᆞ랒)이란 단어를 기억하시나요? 현대의 강아지풀, 보다 직접적으로는 잡초를 의미하는 가라지란 단어로 연결되는 ᄀᆞ랒(ᄀᆞ랒) 말입니다. 도틔ᄋᆞ랒은 바로 도틔ᄀᆞ랒에서 ㄱ이 떨어진 말입니다. 이렇게 반모음 ㅣ 뒤에서 ㄱ이 약화되어 탈락하는 것은 15세기에 일반적인 현상이었습니다. 앞에서 지명에 관하여 이야기할 때 애고개

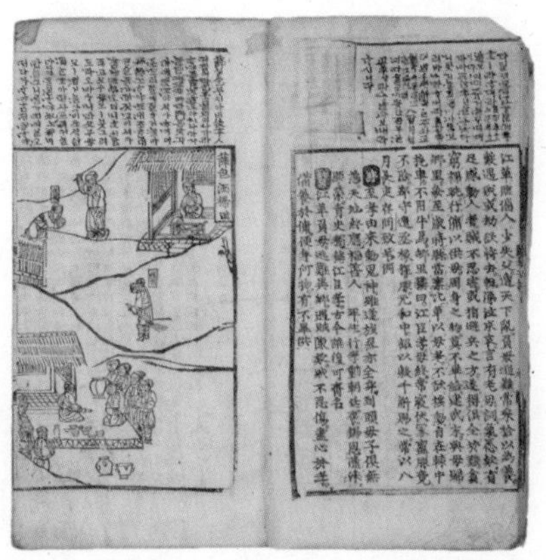

《삼강행실도언해》

임금과 신하, 부모와 자녀, 부부에게 모범이 될 만한 충신, 효자, 열녀 각 110여 명의 행실을 모아 만든 한문본 《삼강행실도》의 인물을 각 35명으로 줄여 언해하고 인물의 사적(事蹟)과 그림을 수록하여 3권 1책의 목판본으로 간행한 교훈서.

(출처: 국립한글박물관)

가 애오개로 변화하는 것도 마찬가지 현상을 보이는 예였지요.

자, 이제 우리는 이 책에서 이전에 배웠던 지식을 바탕으로 도틔ᄀᆞ랏을 '돝+ᄋᆡ+ᄀᆞ랏'으로 분석할 수 있습니다. '돝'은 돼지를 뜻하는 옛말이고 'ᄋᆡ'는 관형격조사 '의'의 양성모음형태입니다. 따라서 '돝+ᄋᆡ+ᄀᆞ랏'은 '돼지의 가라지' 즉 돼지의 잡초라는 의미임을 알 수 있습니다.

앞에서 명아주가 돼지사료로 쓰인다는 의미에서 영어로 pigweed라고 한다고 하였지요? 명아주는 아마도 그 옛날부터 세계 여러 지역에서 돼지사료로 널리 쓰였던 듯합니다. 우리 조상들도 돼지잡초라는 의미에서 '돝+ᄋᆡ+ᄀᆞ랏 → 도틔ᄀᆞ랏'이라고 했습니다. 그리고 도틔ᄀᆞ랏은 도틔ᄋᆞ랏으로 변화하고 다시 도ᄐᆞ랏으로 변화합니다. 사용하는 언어가 다르고 지역이 멀리 떨어져 있어도 놀랍도록 생활의 공통성이 각자의 언어에 반영되어 있습니다.

현재도 영남방언에서는 명아주를 도투라지나 도트라지라고 하는 지역이 있어서 도ᄐᆞ랏이 그 흔적을 남기고 있습니다. 그러나 근대국어 시기가 되면서 도ᄐᆞ랏은 점차 쓰이지 않게 되고 명회, 명화, 명화ᄌᆡ 계통이 그 자리를 차지하게 되어 현재 명아주가 자리를 잡게 되었습니다.

잡초가 건네는 재미있는 생각거리

그런데 북한에서는 우리와 다른 변화를 보입니다. 도투랏이 사라지면서 명아주 대신 능쟁이란 어형이 자리를 잡거든요. 북한에서는 문화어(우리나라의 표준어에 해당하는 개념)로 능쟁이만을 인정하고 명아주는 인정하지 않고 있습니다. 우리나라에서 명아주라 하는 식물을 북한에서는 능쟁이라 하니 아주 다른 이름을 지니고 있지요.

능쟁이란 말은 옛 문헌에 거의 나타나지 않기 때문에 이 말의 어원을 추정하기는 매우 어렵습니다. 그럼에도 무리를 가정하고 추정을 해본다면 능쟁이에서 '-쟁이'는 담쟁이, 소루쟁이, 쑥부쟁이 등의 식물명에 쓰이는 접미사와 같은 것으로 보입니다.

그렇다면 '능'이 무엇인가 하는 문제가 남는데 아마도 마름을 뜻하는 한자어 菱(마름 릉)에서 온 것이 아닌가 합니다. 마름은 수생식물이지요. 식물분류학적으로도 명아주와 전혀 다른 식물입니다. 그러나 여러 식물도감에서 명아주의 잎 모양을 넓은 능형(菱形), 난상능형(卵狀 菱形)과 같이 설명하고 있음에서 알 수 있듯이 마름과 명아주는 그 잎 모양이 유사합니다.

명아주 잎을 가만 들여다보세요. 어린 잎 중심부에 희거나 붉은, 재 같은 가루가 있지요. 이는 명아주의 큰 특징입니다. 이에 연유해

좀명아주

명아주는
돼지사료로 쓰인다는 의미에서
영어로 pigweed라고 합니다.
우리 조상들도 돼지잡초라는 의미에서
도틔ᄀᆞ랏이라고 했습니다.

사용하는 언어가 다르고
멀리 떨어져 있어도
놀랍도록 생활의 공통성이
각자의 언어에
반영되어 있습니다.

서 명화지나 학항초와 같은 명칭이 부여되기도 하였고요. 또한 명아주의 다른 특징은 거위발 모양처럼 생긴 잎의 모양새이지요. 명아주의 학명 Chenopodium은 잎이 거위 발을 닮았고 흰색가루가 묻어 있기 때문에 붙은 이름이고, 영어명 goosefoot도 거위발 모양이라는 데 연유해 붙은 점을 고려하면 잎 모양을 특징으로 명명하는 것도 꽤 자연스러운 일입니다. 즉 마름과 비슷한 잎 모양을 가지고 있다는 점에서 '능'을 취하고 여기에 접미사 '-쟁이'를 붙여 능쟁이란 말이 만들어졌다고 추정해볼 수 있습니다.

주변에서 흔하게 볼 수 있는 잡초 하나가 이처럼 다양하고 재미있는 이야기를 품고 있습니다. 시간과 공간을 달리하며 명아주, 도투라지, 능쟁이와 같은 다양한 이름을 가지고 있고, 그러한 이름은 외형적 특징에 연유하여 붙여지기도 하고 용도에 따라 붙여지기도 하지요. 한낱 잡초라 여기며 그냥 지나치기 쉬운 식물 하나가 이처럼 다채로운 생각거리를 건네고 있습니다. 명아주가 간직한 이야기를 알게 된 오늘 이후부터는 길 가며 마주하는 이 식물이 달리 보이지 않을까요?

[18] 이해할 수 없는 것을 이해하는 방법

○

경험의 폭이 넓을수록
이해할 수 있는 세계도 넓어집니다.
단어의 세계를 아는 일도
우리가 사는 세상을 이해하는 일일 것입니다.

잘 구워진 갈매기살을 먹으며 궁금한 적 없나요?

돼지고기의 부위를 이르는 말 중에 갈매기살이란 것이 있습니다. 갈비와 삼겹살 사이의 부위인데 기름기가 적어 담백하고 식감이 소고기와도 비슷해서 구이용으로 인기가 있지요. 잘 구워진 갈매기살을 상추 위에 턱 올리고 구운 마늘도 하나 곁들여 한 입 먹으면 그 맛이 일품이지요. 그런데 갈매기살을 석쇠 위에 구워먹으며 한 번쯤 궁금한 적 없나요?

"그런데, 왜 갈매기살일까?"

이것이 어느 부위냐부터 돼지고기 부위가 맞냐는 질문까지 갈매기살을 처음 접하는 사람은 의문도 다양할 수 있습니다. 갈매기살은 갈매기와 무슨 관련이 있는 것일까요? 그 부위의 모양이 갈매기와 비슷해서 이름이 붙은 것일까요?

부위의 모양이 비슷해서 이름이 붙은 것 중에는 제비추리가 있습니다. 소고기 부위인 제비추리는 제비의 꼬리 모양을 닮아서 그런 이름이 붙었다고 합니다. 제비추리의 추리는 초리가 바뀐 말이고 초리란 눈초리 등에서 알 수 있듯이 어떤 물체의 가늘고 뾰족한 끝부분을 말하지요.

제비추리는 소의 목뼈 앞에서 갈비 앞쪽까지 이어지는 경장근(頸長筋, 우리말로 긴목근)에 대한 정육명입니다. 소 한 마리에서 두 개가 나오는 데 띠 모양으로 길고 끝부분은 뾰족하게 되어 있어 두 조각을 붙여놓으면 마치 제비꼬리 부분과 유사합니다. 이 때문에 제비추리란 명칭이 붙었어요.

사실 제비추리는 정육명으로만이 아니라 제비꼬리 모양으로 생긴 것들에 흔히 붙는 명칭입니다. 표준어에서는 정육명만을 제비추리라 하고 다른 명칭들에 대해서는 제비초리만 인정하고 있으나 1920년대 신문 등에서는 '제비추리 같은 수염, 제비추리 댕기, 목덜미의 제비추리' 등과 같은 표현이 많이 등장하지요. 예전에는 제비추리와 제비초리가 구분되지 않고 쓰였다는 것을 알 수 있습니다.

아무튼 새의 특정 모양에서 유래한 제비추리와 같은 정육명이 있다 보니 갈매기살 또한 갈매기 모양과 연관 지어 그 이름을 이해하고자 하는 사람들이 있습니다. 그러나 이러한 주장은 터무니없는 억측에 불과합니다. 갈매기살은 갈매기와는 아무 관련이 없기 때문입니다.

모르는 것을 아는 것으로 바꾸다

갈매기살의 갈매기는 '가로막'이라는 말이 변한 형태입니다. 갈비와 삼겹살 사이의 부위가 갈매기살이라고 하였는데요. 갈비는 가슴에 위치하고 삼겹살은 배에 있으니 갈비와 삼겹살 사이란 가슴과 배의 경계 부위가 됩니다. 포유류의 가슴과 배는 횡격막(橫膈膜)이라는 얇은 막으로 구분이 되어 있습니다. 한자어 횡격(橫膈)을 우리말 '가로'로 바꾸어 횡격막에 해당하는 말을 새로 만들었는데 그것이 가로막입니다. 세로가 아닌 가로로 되어 있는 막(膜)이라는 의미이지요.

그런데 '어떤 것이 넘어오지 못하도록 막는 도구'의 의미로 '가로막이'라는 말도 있습니다. 가로막이는 '가로막다'라는 동사에 명사를 만드는 접미사 '-이'가 붙어서 만들어진 단어이지요. 가로막은 가슴과 배를 구분지어 그 사이를 막고 있다는 점에서 가로막이와 유사합니다. 사람들 사이에 말이 오가면서 가로막과 가로막이가 혼동해 쓰였고 급기야 가로막을 가로막이라고 부르게 되었지요. 그러다 돼지의 가로막에 붙은 근육을 가로막이살이라고 하게 된 것입니다. 사람들 사이에 말이 쓰이며 시간이 흘렀고 점차 가로막이의 의미를 명확히 인식하지 못하게 되면서 소리 나는 대로 가로마기로도 쓰게 되고 여기에 ㅣ모음 역행동화가 일어나 가로매기란 형태가 됩니다.

교과서에서 ㅣ모음 역행동화에 대해 들어본 적이 있으실 테고 잘 아는 분도 계실 겁니다. ㅣ모음 역행동화란 뒤의 음절에 ㅣ모음이 올 때 앞 음절의 ㅏ, ㅓ, ㅗ, ㅜ가 ㅐ, ㅔ, ㅚ, ㅟ로 바뀌는 현상을 말하지요. '아기 → 애기, 창피하다 → 챙피하다, 아지랑이 → 아지랭이, 죽이다 → 쥑이다' 등이 그 예인데 ㅣ모음 역행동화가 일어난 형태는 원칙적으로 표준어형으로 인정되지 않습니다. 다만 '남비 → 냄비, 올창이 → 올챙이'와 같이 역사적으로 굳어진 어형의 경우는 ㅣ모음 역행동화가 일어난 형태가 표준어가 된 예도 있습니다.

ㅣ모음 역행동화를 떠올릴 수 있는 우스갯소리가 있지요.

"학교와 핵교의 차이가 무엇이냐면, 학교는 다니는 것이고 핵교는 댕기는 것이다."

이 우스갯소리는 ㅣ모음 역행동화가 일어난 형태가 표준어형으로 인정되지 않는 것을 잘 포착한 예라고 할 수 있습니다. 한 번 이 우스갯소리를 듣고 나면 ㅣ모음 역행동화가 쉽게 기억되기도 하지요.

아무튼 횡격막살을 의미하는 가로막살이 가로매기살로까지 변하여 사용되었는데, 가로매기는 더더욱 사람들이 이해하기 힘든 형태입니다. 앞에서 양지가 양치로 변화하는 예에서 보았듯이 사람들은 단어나 단어의 일부분에 대해 정확히 이해할 수 없을 때 그것을 자신이 잘 알거나 이해할 수 있는 비슷한 형태로 바꾸어 사용합니다. 즉 가로매기살에서 가로매기란 형태를 이해할 수 없게 되자 음상이 비슷하면서 잘 아는 단어인 갈매기로 치환해 사용합니다.

갈매기살이라는 명칭이 등장하는 것은 1980년대입니다. 이 단어가 정착되어 쓰인 것은 그리 오래지 않았지요.

까치 까치 설날은
왜 어저께일까요?

갈매기살과 같이, 단어의 형태를 이해할 수 없게 되자 음상이 비슷하면서 잘 아는 단어로 치환해 사용하는 다른 재미있는 예가 또 있습니다. 바로 까치설입니다.

까치설 하면 가장 먼저 떠오르는 건 동요 〈설날〉이 아닌가 싶은데요. 윤극영이 작사하고 작곡한 동요 〈설날〉의 첫 마디에 까치설이 활용되어 등장하지요.

까치 까치 설날은 어저께고요

우리 우리 설날은 오늘이래요.

가사를 읽는 것만으로도 자연스럽게 노래를 부르게 되는 이 동요는 아마 우리나라 사람들에게 가장 친숙한 설날 노래가 아닐까 합니다. 까치설이란 단어를 '까치 까치 설날'이라 풀어놓으니 까치설이 마치 '까치의 설날'이라는 의미로 인식되지요.

까치와 설날은·무슨 관계가 있으며 왜 까치 설날을 두고 어저께라고 하는 걸까요? 까치설이라는 단어가 어떻게 오늘날에 이르게 되었는지 살펴보면 자주 들으면서도 제대로 뜻을 알 수 없던 이 노래의 의미를 이해할 수 있게 됩니다.

까치설은 사전에는 이렇게 나와 있습니다.

까치-설 : 어린아이의 말로, 설날의 전날 곧 선달그믐날을 이르는 말.

설날의 전날인 음력 섣달그믐날, 다른 말로는 작은설이라고도 하는데 이 날이 까치설입니다. 까치설이 설날의 전날을 이르는 이유는 이 단어가 아촌설에서 왔기 때문입니다. 갈매기살이 갈매기와 아무런 관련이 없듯 어원적으로 까치설은 까치와는 아무런 상관이 없는 말인 것이지요.

18세기 문헌에 섣달그믐을 뜻하는 세모(歲暮), 제야(除夜)의 의미로 아촌설이란 말이 나옵니다. 아촌은 '작은'과 비슷한 의미이지만 물리적으로 작다는 의미가 아니라 주가 아니라 부(副)가 되는, 으뜸이 아니라 버금이 되는 정도의 의미라고 추정됩니다. 옛 문헌에 아촌설을 작은설이라고도 하고 조카를 아촌아들이라 표현하기도 하는데요. 특히 아촌은 '작은'처럼 형용사의 관형사형으로 보입니다. 부차적이다, 종속적이다 정도의 의미를 지닌 '앛-'이라는 형용사에 관형사형어미 '-은(은)'이 붙어 '아촌'이 된 것이라 추정할 수 있습니다.

종래에 까치설이 아치설에서 유래한 것이라는 주장도 있었습니다. 아치가 짐승의 새끼를 의미하는 접미사 아지와 같다는 주장이지요. 그러나 까치설은 아촌설에서 유래한 것으로 보아야 합니다. 아촌설에서 ㄴ이 떨어져 아츠설이 되고 다시 전설모음화에 의해 아치설이 되었다 보는 것이 타당합니다.

이러한 변화가 일어났으리라는 것은 아츠조금이란 단어를 통해 확인할 수 있습니다. 음력 8일과 23일은 조류의 흐름이 가장 약하고 만조와 간조의 수위 차가 가장 적은 때인데 이를 '조금(또는 한조금)'이라 합니다. 아츠는 주가 아니라 부가 되는 정도로서의 작다라는 의미라고 했지요? 즉 아츠조금이란 조금의 하루 전날인 음력 7일과 22일을 이르는 말이지요. 여기서 아츠가 아촌설의 아촌과 같은 것임을 알 수 있습니다.

아츠조금 역시 아춘조금에서 ㄴ이 떨어지고 ㆍ가 ㅡ로 바뀌어 만들어진 형태인 것입니다. 그런데 아츠조금을 북한이나 전남 일부 지역에서는 아치조금이라 하는데요. 이를 통해 아츠가 전설모음화되어 아치가 되었음을 확인할 수 있습니다. 이 예를 고려할 때 아치설의 아치는 명사나 접미사에서 온 것이라기보다 '아춘 → 아츠 → 아치'의 변화로 설명하는 것이 더 타당하다고 생각됩니다.

왜 아치설의 아치가 까치로 바뀌었을까요? 그 정확한 이유는 알 수 없으나 저는 다음과 같은 요인들이 사람들이 아치를 까치로 바꾸는 데 영향을 준 것이 아닐까 조심스레 추론해봅니다.

우선 어치라는 이름을 가진 새가 있다는 점입니다. 깊은 산속에 사는 까닭에 까치만큼 친숙하지는 않지만 우리나라 전역에 자생하는 새입니다. 그런데 공교롭게도 이 어치를 산까치라고도 합니다. 까치보다 몸 색깔이 화려하나 크기나 생김새가 까치와 비슷하기 때문이지요.

다음은 우리 민화의 대표인 까치호랑이 그림입니다. 액운을 막아주는 호랑이와 반가운 소식을 전해주는 까치를 같이 그린 그림을 새해를 맞아 걸어두는 풍습이 있었는데 그래서 까치호랑이는 오늘날까지도 연하장의 주요 소재가 되고 있지요. 즉 설날과 까치가 사람들의 인식에 무척 가깝게 자리하고 있었습니다.

아치설의 아치가 무엇을 의미하는 것인지 모르게 된 사람들이 최

호랑이와 까치

조선시대

134.6X80.6cm

국립중앙박물관

대한 그것을 자신이 잘 아는 단어로 바꾸어 인식하려 할 때 까치와 비슷한 어치라는 새가 있고 까치는 설과도 관련이 깊으니 아치가 혹 까치의 잘못이 아닐까 생각하게 된 것은 아닐까요? 이러한 추정도 억측에 불과할지 모르지만 20세기 초에 아치설이 까치설로 바뀐 것은 분명합니다.

한편 전남 일부 지역에서는 아침조금과 아침설이라는 어형이 나타난다는 점도 재미있습니다. 아치조금, 아치설에서 바뀐 것인지 ㄴ탈락이 일어나지 않은 아친조금(<아츤조금), 아친설(<아츤설)에서 바뀐 것인지는 알 수 없으나, 아치 내지 아친을 이해할 수 없게 되자 그것을 아침이라고 바꾸어 인식하고 사용하게 된 것이지요.

아저씨와 아주머니의 탄생

요즘은 어떤 사람을 두고 아저씨와 아주머니라고 부르나요? 잘 알지 못하는 남자 어른을 두고 아저씨라고 하거나 마찬가지로 잘 알지 못하는 여자 어른을 두고 아주머니라고 부르는 경우가 많지요. 그러나 예전에는 남자 친척을 모두 아저씨라고 불렀습니다. 현대에 와서는 삼촌, 외삼촌, 숙부, 큰아버지, 작은아버지, 고모부, 이모부를 모두 구분해 부르지만, 예전에는 이들을 모두 아저씨라고 불렀던 것입니다. 아주머니 역시 고모, 이모, 숙모, 백모 할 것 없이 집안의 여자 어른을 부르는 단어였습니다.

아저씨와 아주머니라는 단어가 어떻게 탄생했는지 들여다보면 부차적이다, 종속적이다 정도의 의미를 지닌 '앚'을 아주 잘 기억할 수 있습니다.

부차적이다, 종속적이다 정도의 의미를 지닌 '앚-'이라는 형용사에 관형사형어미 '-ᄋᆞᆫ(은)'이 붙어 '아ᄎᆞᆫ'이 된 것이라 하였지요? 이 '앚'이 때로는 지읒(ㅈ) 받침으로 쓰이는 경우가 있습니다. '아비' 앞에는 '앗'이 붙는 형태로 쓰였죠. 앗아비, 그래서 아자비로 자리 잡습니다.

아자비는 아저씨라는 뜻인데, 흔히 식물명 중 아재비라고 붙는 것들이 같은 뜻이라고 보면 됩니다. 경상도 지역에서는 여전히 아재비라는 말이 남아있는 경우도 있고요. 작은아버지를 뜻하는 숙부(叔父)라는 단어의 '숙'도 '아재비 숙'자입니다. 지금 흔히 쓰는 아저씨라는 단어에서도 '앚'의 흔적을 찾을 수가 있지요. 아저씨는 부수적인 아버지, 종속적인 아버지라고 할 수 있고 남자 친척 전반을 이르는 말이었습니다.

그렇다면 여자의 경우는 어떻게 불렀을까요? '앚'과 '어미'가 붙어 앚어미가 되었습니다. 변형을 거쳐서 아ᄌᆞ미, 아자미가 되고, 할머니와 어머니라는 단어의 '머니'가 붙으면서 아자머니, 이후 아주머니로 굳어지게 됩니다. 그러니 아저씨와 아주머니라는 단어는 아찬설과 같은 단어의 뿌리를 가지고 있다고 할 수 있습니다.

이처럼 현재 익숙하게 사용하는 단어의 옛 모습은 지금과 전혀 다를 때가 있습니다. 잘 알지 못하는 단어를 익숙하게 아는 단어로 바꾸어 사용하다 보니 자연스럽게 변화하였기 때문이지요. 신조어를 들을 때 이런 경험을 해본 적 없으신가요? 문맥상 이런 의미가 아닐까, 이런 발음이 아닐까 자기가 익숙히 아는 쪽으로 유추를 하게 됩니다. 정확하게 의미를 알지 못하는 채로 단어를 쓰면 의심스럽습니다. 어떻게 발음해야 할지 알 수 없고 어떤 상황에서 사용해야 하는지도 모르지요. 그럴 때 사람들은 그 단어가 왜 생겼는지, 어떻게 쓰는지 알기 위해 익숙하게 아는 것으로 생각하려 합니다.

어린아이들이 모르는 사람이나 물건을 처음 접할 때 자신이 익숙하게 알고 있는 것으로 생각하려 하지요. 그러나 자라며 새롭게 알게 되는 것들이 많아질수록 유추할 수 있는 폭도 넓어지게 됩니다. 경험의 폭이 넓을수록 이해할 수 있는 세계 또한 넓어집니다. 단어의 세계를 아는 일도 마찬가지가 아닐까 합니다. 단어는 사람 사는 세상에서 빠질 수 없는 요소이지요. 단어가 어떻게 쓰이고 있고 어떻게 쓰였는지를 아는 일은 우리가 사는 세상을 이해하는 일일 것입니다.

[19] 단어도 음식도 시간에 따라 변한다

○

김치라는 단어는
한자어 침채가 변해서 만들어졌습니다.
그 전에 우리 조상들은 그것을 뭐라고 불렀을까요?

김치라는 단어도 순우리말일까?

김치는 단순히 음식을 넘어 우리나라 문화를 대표한다고 해도 과언이 아닐 것입니다. 배추를 소금물에 절이고 고춧가루 넣어 빨갛게 만든 배추김치 이외에도 백김치, 열무김치, 갓김치, 오이김치, 깍두기, 파김치 등 종류도 다양합니다. 식당에 가면 빠트리지 않고 내어주는 기본 반찬이 김치 종류이고 김치를 보관하는 냉장고도 발달할 만큼 일상적 음식이자 대표적 음식이지요.

그러다 보니 김치가 우리 고유의 음식이므로 김치라는 단어 또한 순우리말이라고 생각하기 쉽습니다. 그러나 김치는 침채(沈菜)라는 한자어가 변해서 만들어진 말입니다. 침채는 담글 침(沈)에 채소 채(菜)자로 '채소를 담근 것'이라는 의미이지요. 현대 한자음으로는 침채이지만, 옛 한자음으로는 팀ᄎᆡ이었고, 사람들이 말할 때는 딤ᄎᆡ라고 했었습니다. 그리고 현재 우리는 딤채를 김치냉장고 브랜드 이름으로 더 익숙하게 알고 있지요.

딤ᄎᆡ라는 단어는 이후 극적인 변화를 겪게 됩니다. 우선 구개음화가 일어났습니다. 아마 학창시절에 구개음화란 ㅣ모음 앞에서 ㄷ이 ㅈ으로, ㅌ이 ㅊ으로 바뀌게 되는 현상이라고 배운 기억이 있으실 겁니다. 가령 해돋이, 같이가 어원이나 표기를 고려하면 [해도디], [가티]로 발음되어야 하지만 [해도지], [가치]로 변한 것이 바로 구개음화 때문입니다.

이러한 구개음화 현상에 따라 딤ᄎᆡ 또한 짐ᄎᆡ로 변화하였습니다. 또 ㆎ의 발음은 앞서 상추를 이야기할 때 보았듯이 '우' 또는 '이'로 변화하게 됩니다. 짐ᄎᆡ에서도 'ᄎᆡ'가 '치'로 변화하여 짐치가 되었습니다. 아마 경상도나 전라도 등 지역에서는 어르신들이 김치를 여전히 짐치라고 말씀하시는 것을 들어본 분들이 있을 것입니다. 이 영향이 남아 쓰이고 있는 것이지요.

구개음화는 17세기경에 남부지방에서부터 시작이 되어 점차 다른 지역으로 퍼져나갔습니다. 대개 변화는 그 변화가 시작된 곳에서 가장 큰 힘을 발휘하게 됩니다. 이에 따라 남부지방에서 구개음화가 가장 심하게 일어났고 중부지방은 어느 정도 영향을 받았지만 서북지방, 즉 평안도 지역은 구개음화의 영향을 거의 받지 않았습니다. 그래서 평안도 방언에서는 아직도 같이를 [가티]라고 하고 '하지 마라'를 [하디 마라]라고 말합니다.

경상도 방언에 익숙한 분들은 이 대화의 뜻을 단번에 알 수 있을 것입니다.

"성님, 어디 가는교?"

"지름 짜러 방앗간에 간다."

"추운데 장갑 찌고 가소."

구개음화 현상이 드러나는 대화이지요. 경상도와 전라도, 즉 남부지방 방언을 주의 깊게 들어 보신 분들은 '기름 → 지름, 키 → 치, 끼다 → 찌다, 형님 → (셩님 →)성님' 등과 같은 현상이 나타남을 알고 계실 겁니다. 구개음화의 영향력이 가장 강했던 남부지방에서는 ㄷ, ㅌ만이 아니라 ㄱ, ㅋ, ㄲ, ㅎ 등도 구개음화를 겪었기 때문에 나타나는 현상이지요. 즉 ㅣ모음 앞에 ㄱ, ㅋ, ㄲ, ㅎ이 오면 이들은 각기 ㅈ, ㅊ, ㅉ, ㅅ으로 변하였습니다.

지나치게 규범에 맞추려고 하면 오히려 부정확해진다

그러나 서울을 비롯한 중부지방에서는 ㄷ, ㅌ만 구개음화되었을 뿐 ㄱ, ㅋ, ㄲ, ㅎ은 구개음화되지 않았기 때문에 김을 짐이라고 한다든지 기름을 지름이라고 하면 그것이 사투리라는 인식을 가지게 되었습니다. 그런데 이러한 인식이 너무 과도하게 적용되어 원래부터 '지'라는 음을 가지고 있었던 단어에 대해서도 그것이 사투리라는 오해를 불러일으키고 급기야는 '지'를 '기'로 바꾸어 발음하는 현상이 나타납니다.

이것을 언어학에서는 과도 교정(hypercorrection)이라고 합니다. 이러한 과도 교정의 결과로 사투리로 오인된 짐치가 김치로 바뀌게 된 것이지요. 즉 구개음화 및 모음의 변화, 또 구개음화에 따른 과도 교정의 결과로 딤치가 김치가 되어 그 원형을 전혀 알아볼 수 없을 정도의 변화가 일어났습니다.

사투리로 인식되어 과도 교정을 겪은 단어는 더 있습니다. 실로 옷감을 짜는 작업을 뜻하는 길쌈이 바로 그렇습니다. 고려가요 〈서경별곡〉에는 다음과 같은 가사가 있습니다.

여ᄒᆡ므론 아즐가 여ᄒᆡ므ᄂᆞᆫ 질삼 뵈 ᄇᆞ리시고

위두어렁셩 두어렁셩 다링디리

'질삼 뵈 ᄇ리시고'는 '길쌈하던 베를 버리고서' 정도의 뜻입니다. 예전에는 질삼이었는데 과도 교정의 결과 지금은 길쌈이 되었지요. 새의 날개를 이루는 깃털에서 '깃'이란 단어도 예전에는 '짓'이었는데 역시 과도 교정에 의해 '깃'으로 변화했습니다.

과도 교정을 겪은 단어로 기와도 있습니다. 기와 역시 김치만큼 극적인 변화를 겪었습니다. 기와를 예전에는 디새라고 했습니다. 기와와는 전혀 다르지요. 디새는 '딜+새'에서 ㄹ이 탈락한 형태인데요. '불+삽 → 부삽, 활+살 → 화살'처럼 ㅅ 앞에서 ㄹ이 탈락하는 것은 일반적입니다. '딜'은 흙 또는 흙으로 빚어 만든 것을 의미하는데 오늘날 질그릇이나 질화로라는 말에서 남아 있는 '질'자가 그렇지요. '딜+새'에서 '새'는 지붕에 얹기 위해 만든 물건을 말합니다. 더 기원적으로는 볏과의 식물을 총칭하는 말이지만 이 식물의 지푸라기를 엮어서 지붕에 얹게 됨에 따라, 초가집 지붕에 얹는 것을 '새'라고 부르게 된 것입니다. 시간이 더 지나면서는 지푸라기로 만들지 않았더라도 지붕에 얹기 위해 만든 것은 모두 '새'라고 불렀지요.

한편 나무를 평평하고 넓적하게 다듬은 것을 '널'이라고 합니다. 널판, 널뛰기 등에서 확인할 수 있는 말이지요. 논이 없는 산간지역에서는 지푸라기 이엉 대신 나무로 널을 만들어 이엉으로 사용하였는데 이를 '널+새 → 너새'라고 불렀습니다.

나무로 널을 만들어 이엉으로 사용한 것을 너새라고 했다면, 흙으로 만든 것은 무엇이라 했을까요? 그것이 바로 '디새(딜+새)'입니다. 구개음화의 물결이 몰아치자 디새는 지새가 되었습니다. 그런데 일부 방언에서는 지새에서 ㅅ이 탈락한 지애란 어형이 쓰이기도 하였습니다. 그러다 사람들은 지애에서 '지'와 '애'가 무엇인지를 잘 알지 못하게 되었고 그 결과 '지'는 과도교정으로 인해 '기'로, '애'는 한자 기와 와(瓦)에서 온 것으로 오인하여 '와'로 바꾸어 기와라는 어형이 만들어졌습니다. 결국 질그릇의 '질'과 기와의 '기'는 같은 말이 변한 것이지만 지금은 의미나 형태면에서 이 둘을 전혀 연관 지을 수 없게 되었습니다.

이제 김치라는 단어는 沈菜(침채)라고 하는 한자어가 음운 변화를 거쳐서 만들어졌다는 것을 아시겠지요?

김치의 순우리말을 알고 있나요?

침채라는 한자어가 유입되기 전까지 한국 사람들은 김치를 먹지 않았을까요? 그럴 리가 없지요. 삼국시대에 이미 김치를 먹고 있었음이 여러 문헌에 기록되어 있으므로, 우리나라 사람들이 김치를 먹기 시작한 것은 삼국시대 이전이라고 할 수 있습니다. 침채라는 한자어가 유입되기 전에 우리 조상들은 그것을 디히라고 불렀습니다. 김치(딤치)에 대한 순우리말이지요.

김치 중 가장 대표격으로 꼽히는 것은 배추김치이지만 오늘날과 같은 배추김치가 만들어진 지는 그리 오래되지 않았습니다. 우선 고추가 임진왜란 이후에 들어왔으므로 당연히 현재와 같은 형태의 배추김치가 만들어진 것은 아무리 빨라도 17세기 이후입니다. 또한 오늘날 배추는 한국의 대표적인 채소 중 하나이지만 조선 전기까지만 해도 지금처럼 많이 재배되지는 않았었습니다. 배추라는 단어가 한자어 白菜(흰 백, 나물 채)에서 차용된 것임에서도 이를 확인할 수 있습니다.

그렇다면 조선 전기 이전 즉, 고려시대나 통일신라, 더 거슬러 올라가 삼국시대에는 어떤 김치를 먹었을까요? 오늘날 짠지와 같이 무와 소금을 주재료로 한 김치를 먹었을 겁니다. 물론 오늘날의 동치미와 비슷한 형태의 김치도 있었을 겁니다. 옛날에는 겨울에 생채소를 구하기 힘드니 오래 보관하기 위해서 절임이 필수였어요. 지역에 따라 절임문화에도 차이가 있는데, 중앙아시아를 중심으로 그 서쪽은 식초절임이, 그 동쪽은 소금절임이 일반적이라고 합니다.

가령 똑같은 오이로 서양 사람들은 피클을 만들어 먹고, 우리나라 사람들은 오이지를 만들어 먹지요. 짠지, 오이지 등 절임류 음식에 붙어 있는 '지'자가 바로 김치에 대한 순우리말인 디히가 변화해서 만들어진 말입니다. 디히에서 모음과 모음 사이의 ㅎ이 탈락하여 디이가 되었는데 ㅣ 모음이 중복되므로 한 음절로 줄어들어 '디'가 되고 여기에 구개음화까지 더해져 '지'가 되었어요.

김치라는 단어가 널리 쓰이게 됨에 따라 '지'는 잘 쓰이지 않게 되었지만 짠지, 오이지 이외에도 섞박지, 단무지, 장아찌 등에서 그 흔적을 남기고 있습니다. 섞박지는 배추, 무, 오이 등을 넓적하게 썰어서 젓국을 쳐서 버무려 만드는 김치인데 기원적으로는 고춧가루를 넣지 않았을 것이나 조선후기부터는 고춧가루를 넣어 담가 먹었습니다.

여러 가지 채소를 소금이나 간장에 절여서 숙성시켜 먹는 음식으로 장아찌가 있지요. 장아찌는 '쟝앳 디히'가 변한 말입니다. 쟝앳에서 '쟝'은 간장을 말하고 앳은 눈엣가시에서와 같이 처격조사 '애·에'와 속격조사 ㅅ이 결합한 형태입니다. 즉 장아찌는 간장에 담근 지(김치)라는 뜻입니다. 단무지에 대해서는 무로 담근 김치라 하여 무지라 하였고, 단 맛이 강하다는 점에서 '단+무지'라는 이름이 붙었다고 앞에서 이야기하였었지요. 섞박지가 예외이기는 하나 김치와 '지'는 고춧가루가 들어가느냐의 여부로 구분을 하고 있다고 보입니다. 현재는 대체로 고춧가루가 들어가면 김치, 그렇지 않으면 '지'라고 하는 것 같습니다.

단어를 공부하다 보면 세상을 공부하는 기분을 느끼게 됩니다

마지막으로 한 가지 더, 나박김치를 볼까요. 나박김치에서 나박은 무슨 뜻일까요? 사전에 나박나박이란 부사가 실려 있고 '야채 따위를 납작납작 얇고 네모지게 써는 모양'이라고 설명되어 있기에 오늘날에는 무나 배추를 나박나박 썰어 넣은 물김치라서 그런 이름이 붙었다고 오해하기 쉽습니다.

그러나 나박김치에 대해서 사전에 '무를 얄팍하고 네모지게 썰어 절인 다음, 고추·파·마늘·미나리 따위를 넣고 국물을 부어 담근다'라고 설명하였듯이 나박김치는 원래 무로 만든 김치를 의미합니다. 무를 한자어로 蘿[무 라(나)]자와 葍(무 복)자를 써서 나복이라고 합니다. 이 나복의 발음이 바뀌어 나박이 되었습니다. 즉 무로 만든 김치라는 뜻에서 나복딤칙란 이름이 붙었는데 이것이 변하여 나박김치가 된 것입니다. 오늘날에는 무만이 아니라 배추, 배, 미나리 등등을 넣어 만들고 있습니다.

단어가 사람들의 생활상 등에 따라 변화하듯 음식도 변화하고 분화해갑니다. 지금 사용하고 있는 단어와 지금 먹고 있는 음식이 어떤 형태로 변화해왔는지 추적하다 보면 사람들이 어떻게 살아오고 생각해왔는지 이해할 수 있게 됩니다.

사람들은 무언가에 이름을 붙일 때 가능한 의미 있는 이름을 붙이고자 합니다. 아무렇게나 갖다 붙이지는 않습니다. 우리가 사용하는 단어도 마찬가지입니다. 앞뒤 맥락 없이 갑자기 생성되지 않지요. 사람들이 삶을 살며 의미를 붙이고 생활 속에서 익히 아는 것들 가운데 차용하여 단어가 만들어집니다.

그러므로 단어를 공부하다 보면 세상을 공부하는 것 같은 기분을 느끼게 될 것입니다. 사람들의 얼굴 표정과 움직임과 세 끼 먹는 식사와 걷는 모습 등 일상이 눈에 보이고 손에 잡히듯 느껴질 거예요. 우리가 지금 사용하는 단어가 왜 이렇게 생겨났는지 아는 일은 시대상에 따라 변화하는 문화를 이해하는 일이자 사람을 들여다보는 일, 세상과 더 가까워지는 일일 것입니다.

[20] 의외로 역사가 깊은 단어

ㅇ

우리는 단어가 어떠한 기원을 가지고 있을지
어느 정도 파악할 수 있습니다.
그러나 어떤 단어들은
우리의 예측을 벗어나는 일이 종종 있습니다.

헷갈리는 고유어와 외래어

원래 우리말에 없던 단어가 외국으로부터 들어와 쓰이다가 국어로 정착한 것들을 외래어라고 합니다. 엄격한 의미에서는 중국이나 일본에서 만들어져 들어온 한자어들도 외래어라고 해야 하겠지만 이들은 중국어나 일본어 발음과는 무관하게 한국 한자음으로 읽힌다는 특성이 있어서 일반적인 외래어 범주에 한자어는 포함시키지 않습니다.

어떤 단어가 외래어인지, 고유어인지, 또는 한자어인지를 사람들에게 물어보면 대개는 잘 맞춥니다. 즉 우리는 단어의 형태나 의미

등을 통해 대체로 그 단어가 어떠한 기원을 가지고 있을지를 어느 정도 파악할 수 있습니다. 그러나 일부 단어들은 그러한 우리의 예측(또는 결과적으로 그것이 잘못되었다는 점에서 선입견)을 벗어나는 일이 종종 있습니다.

가령, 심지어, 물론, 감귤은 한자어에서 기원한 것임에도 고유어라고 인식하는 경우가 많습니다. 반대로 국수, 생각 등은 고유어임에도 한자어라고 인식하는 경우가 많지요. 외래어와 고유어도 마찬가지입니다. 가방, 망토, 조끼, 구두, 고무는 외래어이지만 고유어로 인식하는 일이 많고 비누, 멜빵, 에누리 등의 고유어는 외래어라고 인식하는 일이 흔합니다.

외래어 가운데는 들어온 지 오래되어 그것이 외국에서 기원한 것인지를 거의 알 수 없게 된 것들도 있습니다. 가령 보라매의 '보라'는 몽골어에서 들어온 것인데 국어에 들어온 지 너무 오래되어서 외래어라는 인식이 거의 사라졌습니다. 물론 그러한 인식의 변화에는 단지 시간이 오래되었다는 것 외에도 보라매의 '보라'가 눈보라의 '보라'와 형태가 같다는 점도(물론 의미는 전혀 상관이 없습니다) 영향을 미쳤을 것입니다. 담배, 붓, 먹, 배추, 시금치 같은 단어들도 그러한데 이러한 단어들은 외래어임에도 고유어처럼 인식된다는 점에서 귀화어라고 합니다.

그런데 외래어는 국어에만 존재하는 것은 아닙니다. 다른 나라 말에도 외래어가 있겠지요. 이로 인해 재미있는 현상이 나타나기도 합니다. 우리는 그 말을 영어로부터 받아들였으나 영어도 원래는 그 말을 외국어에서 가져온 것일 수 있는 것이지요. 이러한 단어로 케첩(ketchup)과 키오스크(kiosk)가 있습니다.

사실은 중국에서 유래한 말, 케첩

케첩은 어느 나라 말에서 왔을까요? 케첩은 기원적으로 중국어에서 유래한 말입니다. 토마토케첩의 케첩이 중국어에서 유래한 말이라니 다소 놀랍지 않습니까? 중국어 방언 중 민난어(한국 한자음으로는 민남어)라는 것이 있습니다. 중국의 푸젠성에서 광둥성 동부까지 널리 쓰이는 방언이며 이 방언이 화교들에 의해 동남아로도 많이 전파가 되었습니다.

이 민난어에 鮭汁[kôe-chiap](한국 한자음으로는 해즙)이란 말이 있었는데 이 말이 말레이 지역에 전파되어 kicap 또는 kecap 정도로 불리게 되었고 다시 이 말이 영어로 들어가 ketchup이 되었다고 합니다. 鮭汁(해즙)은 물고기나 조개살(굴을 포함한다고 생각됩니다)을 얇게 썰어서 소금 등에 절여 향신료를 섞어 발효시켜 만든 소스를 뜻하는 말입니다. 우리식으로 하면 액젓에 해당한다고 할 수 있지요. 鮭汁(해즙)의 鮭(어채 해)는 현재 우리나라에서는 많이 쓰이는 말이 아니나 汁(즙 즙)은 오렌지즙, 야채즙이라 할 때 쓰는 단어로 널리 사용되고 있지요.

따라서 영어에서도 애초의 ketchup(케첩)은 물고기로 만든 소스를 의미하는 말이었는데 18세기에 와서는 버섯을 주재료로 하여 케첩을 만드는 것이 일반화되었다고 합니다. 현재 버섯 케첩이 일반적인 것은 아니지만 여전히 영국에서는 일부 사용이 되고 있습니다. 그러다 19세기에 와서야 토마토를 기반으로 한 케첩이 만들어지기 시작했는데 초기에는 케첩의 재료에 아직 멸치가 포함되어 있어 생선 소스라는 특징은 유지되고 있었다고 합니다.

특히 19세기 초 미국에서 식품회사 하인즈의 설립자인 헨리 J. 하인즈가 토마토를 갈아 만든 소스를 케첩의 메인 재료로 쓰기 시작하면서 토마토케첩이 대세가 되었습니다. 20세기에 들어와서는 1차 세계대전이 끝나고부터 미국의 힘을 업고 토마토케첩은 세계적으로 퍼져나가게 됩니다. 현재 케첩이라고 하면 전 세계적으로 토마토케첩만을 의미하게 된 것은 미국 특히 하인즈의 영향이 크다고 할 수 있습니다.

케찹, 케찹, 케첩…
올바른 표기는 무엇일까요?

우리나라에는 언제 토마토케첩이 들어왔을까요? 1930년대 신문기사에 케챱, 케찹, 케첩 등 다양한 표기가 나타나는 것으로 보아 일제강점기 때 일본을 거쳐 들어왔을 것으로 생각이 됩니다.

1936년 7월 9일 〈조선일보〉의 '양식에 쏘-스는 칠 데 쳐야 제격이다'라는 기사를 볼까요.

'빠다라든지 마요네스라든지 케챱이라든지'

기사에서는 케챱이라고 표현하고 있습니다. 그리고 1937년부터 1938년까지 〈동아일보〉 기사에도 토마케챱, 도마도케찹, 토마도케첩 등이 나타납니다. 다만 '도마도케찹이 없으면 설탕으로 대용하라'라든가 하는 내용이 있는 것으로 보아서 오늘날만큼 일반화된 것은 아니었을 겁니다. 저는 자료를 찾아보기 전까지 토마토케찹은 해방 후 미국을 통해 들어왔을 것으로 생각하고 있었는데 이미 90년 전에 한국에 토마토케찹이 들어와 있었다는 것을 알고 상당히 놀랐습니다.

외래어의 표기가 정해지며 케챱, 케찹, 케첩 등은 케첩으로 쓰도

조선시대에 편찬된

《지봉유설》에서는 토마토를

'남쪽 오랑캐 땅에서 온 감'이라는 의미에서

'남만시'라고 칭하고 있습니다.

록 하고 있습니다. 그러나 아직도 말할 때에는 케찹이 더 많이 쓰이는 것 같습니다. 더구나 식품회사인 오뚜기에서는 자신들의 상품명을 케찹으로 정하여 이것을 고수하고 있는데, 이 역시 발음은 케찹으로 날 수밖에 없는 점도 케찹 쪽이 여전히 힘을 얻고 있는 이유 중 하나일지도 모르겠습니다. 한 가지 덧붙이자면 고유 상표명이라 규범을 강제할 수 없다는 측면은 케찹뿐 아니라 회사명 오뚜기도 마찬가지입니다. 규범에 따르면 오뚝이로 적어야 하지만 식품회사 오뚜기는 상호를 오뚜기로 하여 상표명으로서 브랜드화한 것입니다.

케첩과 뗄 수 없는 말이 된 토마토도 해외에서 유입이 되었지요. 중남미가 원산지인 토마토는 16세기에 유럽에 전파된 후 17세기에는 중국을 거쳐 우리나라에도 들어왔던 것으로 보이는데요. 1614년에 완성된《지봉유설》에서 토마토를 남쪽 오랑캐 땅에서 온 감이라는 의미에서 남만시(南蠻枾)라고 칭하고 있습니다. 그러나 조선시대에는 널리 재배되지 못하였었습니다. 토마토가 널리 보급된 것은 일제 강점기에 들어서인 것으로 보입니다. 1920년대 신문에서는 도마도, 도마토, 토마도, 토마토 등 다양한 표기로 등장합니다. 이 외에 일년감이라 하여 우리식으로 명명한 표현도 보이며 번가(蕃茄)라는 중국어식 표현을 그대로 쓰기도 하였습니다.

무인판매대 키오스크의 원래 의미를 알고 있나요?

정보화 취약계층이라는 말이 있습니다. 이 말은 1990년대부터 등장한 것으로 보이는데 요즘도 명절 전 기차표 예매를 시작하는 시기가 되면 정보화 취약계층을 위해 따로 표를 배정했다는 등의 뉴스가 나오더군요. 인터넷과 스마트폰이 보급되면서 정보화 취약계층이 늘고 있는 것도 사실이지만 대학에서 학생들을 가르치는 저와는 거리가 먼 이야기라고만 느끼고 있었습니다.

그러나 칠팔 년 전쯤 동네에 있는 햄버거 가게에 갔다가 당혹스러운 경험을 하고서 '나도 정보화 취약계층이구나' 하는 느낌을 받은 적이 있습니다. 몇 주 전까지는 줄을 서서 기다리다 카운터에 있는 점원에게 원하는 메뉴를 주문하는 방식이었던 그 햄버거 가게가 느닷없이 키오스크를 설치하고 모든 주문은 그곳에서 해야 한다는 식으로 바뀌어 있었어요.

해서 키오스크에서 원하는 세트 메뉴를 골랐는데 문제는 그 다음이었습니다. 평소 콜라를 즐겨 먹지 않기에 세트 메뉴에 포함되어 있는 음료를 사이다로 바꾸어야겠는데 당시 키오스크에서는 그 방법을 알 수가 없었습니다. 몇 차례 이것저것 눌러보았으나 좀처럼 방법을 찾을 수가 없었고 뒤에는 사람들이 기다리고 있어 부득이하게 그

° 키오스크는 원래 정원 등에 지은 개방형 작은 건물을 뜻했다. 이 말은 궁궐을 뜻하는 페르시아어에서 유래했다.

키오스크는 미국이나 유럽에서는 전면이 개방된 간이 판매대와 소형 매점을 일컬었다.

냥 콜라로 주문을 하고 말았습니다.

그 후 몇 차례 더 그 햄버거 가게에 갔지만 끝내 콜라를 사이다로 바꾸는 방법은 찾지 못했었습니다. 물론 요새 키오스크에는 그런 기능이 잘 갖추어져 있어 세트 메뉴 선택 후 바로 여러 선택 메뉴를 고를 수 있게 되어 있습니다만 초기에는 그런 지정이 쉽지 않게 설계가 되어 있었던 것 같습니다. 그런데 그 사건 이후로 한동안 저는 웬만하면 키오스크가 있는 매장은 기피했습니다. 아마 저도 정보화 취약계층이 되었다는 충격의 여파였던 것 같습니다.

키오스크라는 말에 대해 이야기하려다 보니 서론이 길어졌네요. 요즘 키오스크는 정보서비스와 업무의 무인 · 자동화를 통해 대중들이 쉽게 이용할 수 있도록 공공장소에 설치한 무인단말기라고 정의가 됩니다. 그러나 미국이나 유럽에서는 길가에 주로 설치되었던, 전면이 개방된 작은 박스형 가게들을 키오스크라고 불렀습니다. 이런 가게는 주로 신문이나 음료를 파는 곳이 많았기 때문에 사전에서는 키오스크를 신문이나 음료를 파는 매점이라고 설명하기도 합니다.

키오스크는 원래 신문이나 음료는 물론 무엇인가를 판매하는 곳이라는 의미가 아니었습니다. 개방형의 작은 건물이라는 의미가 더 근본적이지요. 원래 이 말은 궁전을 뜻하는 페르시아어 kūshk가 튀르키예어로 들어가면서 köşk라는 말이 되었고 정원 등에 설치하는 작은 개방형 건물(우리식으로 말하면 정자)을 뜻하게 되었습니다. 이것이 유럽에 들어오면서 kiosk란 형태가 되었으나 의미는 역시 개방형 건물로서 터키풍의 정자를 뜻하는 말로 쓰였지요.

그러다 이 말이 거리의 가판대란 의미로 바뀌고 급기야 정보통신 시대를 맞아 현대의 키오스크가 된 것입니다. 튀르키예어에서 영어에 들어온 초기에는 의미 변화 없이 쓰이다가 개방형이라는 그 건물의 모양에서 비롯하여 물건을 파는 장소라는 의미를 획득한 후, 개방형 건물의 의미는 잊힌 채 그 건물의 용도만으로 현대의 키오스크로 불리게 된 것이라 할 수 있습니다.

케첩과 키오스크는 겉으로 언뜻 볼 때는 역사가 얕고 가벼워만 보이는 단어입니다. 그러나 사실은 깊은 역사와 이야기를 품고 있지요. 케첩과 키오스크가 지닌 이야기를 알고 나면 이 단어가 그 전과는 조금 달리 보이지 않나요? 편리하지만 어쩐지 차갑게 느껴지던 키오스크가 다르게 느껴질지도 모르지요. 그러고 보면 단어도 사람도 그런 것 같습니다. 겉으로 볼 때 가볍고 정이 없어 보이는 사람이라 여겼는데, 계속 알아나가다 보니 의외로 내실 있고 속이 깊은 사람이라는 것을 알게 될 때가 있지요. 그 전과는 달리 보이는 순간입니다. 가까이 들여다 볼 때에야 비로소 알게 되는 단어와 사람의 면면일 것입니다.

【 21 】 누구나 어원을 알고 싶어 하는 마음이 있다

○

우리가 쓰는 단어가 있기까지 변화를 들여다보면
생각지도 못한 삶과 세상이 펼쳐집니다.
하나의 단어로 수많은 새로운 이야기를 만나게 되지요.

멋대로 단어의 어원을 설명하는 이야기

대화를 하고 글을 쓰다 보면 "이 단어는 왜 이렇게 만들어졌을까?", "이 말은 어디서 유래한 걸까?", "이곳 지명은 왜 생겨났지?" 궁금한 적이 누구나 있을 겁니다.

사람에게는 단어의 유래 내지는 어원을 알고 싶어 하는 마음이 있습니다. 그러다 보니, 특정한 단어에서 연상되는 사건이나 상황을 바탕으로 '이 단어는 이렇게 만들어지게 되었다'는 설명이 사람들 사이에서 전해지는 경우가 많습니다. 대중들이 낱말의 유래를 임의적으로 추측을 하게 되고 그럴 듯한 이야기가 널리 퍼지는 것이지요. 이것을 언어학자들은 민간어원이라 합니다.

물론 어떤 단어가 실제로 특정한 사건이나 상황을 계기로 만들어질 수도 있습니다. 그리고 그러한 사실이 역사적으로 확인이 된다면 민간어원이 아닙니다.

하지만 실제로 그러한 유래를 가지는 단어가 아님에도 사람들이 멋대로 단어의 어원을 설명하는 이야기를 만들어낸 경우에 그것을 우리는 민간어원이라 합니다. 경우에 따라서는 민간어원인지 아닌지 판별하기 어려운 경우도 있지만 대개는 문헌 자료의 기록을 통해서 민간어원 여부를 판별하게 됩니다. 어원은 어원학적인 방법에 의해서 구체적인 자료로 규명이 되어야 합니다.

단어 행주치마를 둘러싼 일화는 아주 유명하지요. 흔히들 이야기하기로는 임진왜란 중인 1593년 권율 장군이 행주산성에서 왜군과 싸울 때 아녀자들까지 나서서 도왔는데 그때 아녀자들이 앞치마에 돌을 싸서 날랐고 그로 인해 행주라는 지명을 따서 앞치마를 행주치마라 부르게 되었다고 합니다.

재미있는 사연이지만, 이것은 민간어원의 대표적인 예입니다. 행주대첩이 일어났던 1593년보다 이른 1510년대에 이미 행주치마라는 단어가 쓰이고 있었기 때문이지요.

행주치마

주로 부엌일을 할 때 치마 위에 두르는 겉치마.

(출처: 국립민속박물관)

"힝ᄌᆞ라고 부르는 것은 씻을 때 사용하는 천조각이다"

행주치마가 언제부터 쓰이기 시작한 걸까, 알기 위하여 우리는《훈몽자회》라는 책에 대해 먼저 살펴둘 필요가 있습니다. 조선시대 중국어 학자이자 통역가였던 최세진이라는 사람이 지은《훈몽자회》는 한자를 학습할 때 사용하기 위해 만든 교과서입니다. 의미적으로 관련이 있는 한자를 4자씩 모아 적고 해당 한자 아래에 한글로 그 한자의 뜻과 음을 제시하는 방식으로 되어 있습니다.

이 책에 '扈 힝ᄌᆞ쵸마 호'란 항목이 있습니다. 扈라는 한자의 의미는 힝ᄌᆞ쵸마이고 그 음은 '호'입니다. 扈(호)는 원래 고대에 여성들이 착용했던 목도리를 뜻하는 단어였는데요, 점차 치마 앞에 두르는 천을 의미하게 된 것으로 보입니다. 즉《훈몽자회》에 나타나는 힝ᄌᆞ쵸마라는 단어가 변하여 현재의 행주치마가 된 것입니다.

힝ᄌᆞ쵸마는 힝ᄌᆞ와 쵸마가 결합하여 이루어진 단어인데요. 여기서 힝ᄌᆞ가 무엇인지 알기 위해서는《훈몽자회》의 '抹 스슬 말 俗稱 힝ᄌᆞ曰抹布'라는 기록을 참조할 수 있습니다. 抹이라는 한자의 의미는 '씻다(옛말은 슷다)'이고 음은 '말'이라는 것인데 그 뒤에 주석이 달려 있습니다.

'세상에서 흔히 힝ᄌᆞ라고 부르는 것은 씻을 때 사용하는 천조각이다.'

즉 여기서 힝ᄌᆞ란 오늘날의 식기나 식탁 등을 닦을 때 쓰는 행주입니다. ㆍ가 사라지면서 첫 번째 음절에서는 ㅏ로 바뀌는 것이 일반적이니 힝이 행이 된 것은 자연스러운 현상입니다. 다만 두 번째 이하 음절에 오는 ㆍ는 대부분 ㅡ로 바뀐다는 점에서 ᄌᆞ가 주로 바뀐 것은 조금 특수한 일입니다. 후대 문헌에 힝즈치마란 형태도 나타나는 점을 고려할 때 'ᄌᆞ → 즈 → 주'의 단계로 변화가 일어났을 것으로 추정해볼 수 있습니다. 즈는 19세기에 지로 변화하는 것이 일반적이라는 점에서 '즈 → 주'의 변화도 특이한 것이기는 합니다.

손자를 뜻하던 '손ᄌᆞ'는 원래 남녀 아이 모두를 일컫던 말입니다

이와 비슷한 변화가 일어난 단어로 손자(孫子)와 손주도 있습니다. 손자(孫子)의 옛날 발음은 손ᄌᆞ입니다. ᄌᆞ는 일반규칙에 따라 '자'가 되었고 따라서 손ᄌᆞ가 현대어에서 손자가 되었지요. 그런데 ᄌᆞ가 '주'로 바뀐 손주란 형태도 같이 쓰이고 있었습니다. 즉 손ᄌᆞ가 손자뿐 아니라 손주로도 변화한 것입니다.

백자종지, 조선시대

종지는 술잔처럼 작은 그릇을 의미하는 죵ᄌᆞ(鍾子)가 변한 말이다.(출처: 국립중앙박물관)

오랜 세월 동안 사람들이 말을 하며 사용하다 보면 원형이 희미해지고는 하지요. 손주도 마찬가지였습니다. 일반규칙에 따라 변화한 손자는 그 원형을 더 이상 궁금해하지 않았겠지만, 손주의 '주'는 경우가 달랐습니다. 오래도록 말을 사용하며 원래 원형은 잊혔고, 손자가 한자어이니 손주도 한자어일 것으로 추정하게 되지요. 그러면서 맏아들 주(冑)자를 넣어 孫冑라고 쓰는 경우도 나타나게 되었습니다. 그러나 이렇게 된다면 손주는 손자 중 첫째, 그 중에서도 남자아이만 일컫는 말이 되어버립니다. 그러나 손주는 손자든, 손녀든 모두를 아우르는 단어로 손ᄌᆞ가 변한 말입니다.

이와 같이 ᄌᆞ가 '주'로 바뀌기도 하지만, 경우에 따라서는 '지'로 바뀐 예도 있습니다. 열매채소인 가지는 한자어 가ᄌᆞ(茄子)에서 변한 말이고 간장종지라고 할 때 종지도 술잔처럼 작은 그릇을 의미하는 죵ᄌᆞ(鍾子)가 변한 말입니다. 요새는 널리 쓰이지 않지만 '방과 방 사이, 또는 방과 마루 사이에 칸을 막아 끼우는 문'을 의미하는 장지(흔히 '장지문'이라고 하지요)라는 말도 한자어 쟝ᄌᆞ(障子)가 변해서 만들어진 말입니다.

단어 하나를 통해 만나는 무궁무진한 세계

행주의 변화에 대하여 이야기를 하다 보니 손주와 가지와 장지문까지 이야기가 뻗어나갔네요. 지금의 우리가 쓰는 단어가 있기까지 어떻게 변화해왔는지 알다 보면 생각지도 못한 세계로까지 이야기가 흐르고는 합니다. 하나의 단어를 통해 만나게 되는 새로운 이야기가 무궁무진하다는 것을 알게 되지요.

그만큼 단어 하나를 둘러싸고 다양한 해석이 있을 수 있습니다. 힝즈가 오늘날 행주에 해당하는 단어라고만 이야기하였는데, 이를 보는 다른 시각도 있습니다. 힝즈는《훈몽자회》에 한글로만 표기되어 있어 고유어인 것처럼 처리가 되어 있어요. 그런데 뉘앙스는 한자어인처럼 느껴지지요. 그래서 힝즈는 '절에서 심부름하며 수행을 돕는 이들을 이르는 말'인 한자어 행자(行者)에서 변한 말이 아닐까 하고 추측하기도 합니다. 그러나 이와 같은 추정은 타당하지 않습니다. 행자의 옛 발음은 힝쟈이기 때문이지요. 한자어 行子(행자)에서 온 것으로 보고 행자와 같은 의미라고 주장할 수도 있으나 일반적으로 行子는 그런 의미로 쓰이지 않기 때문에 이와 같은 추정에도 무리가 있습니다.

힝즈쵸마에서 힝즈 이야기를 들려드렸으니, 쵸마 이야기를 들려드릴 차례네요. 쵸마에 대해 간단히 살펴보자면, 쵸마가 치마에 해당하는 단어인 것은 쉽게 짐작이 가실 겁니다. 다만 문헌에서는 이 예를 제외하고 쵸마란 어형이 나타나지 않습니다. 치마는 15세기 문헌에부터 이미 현대어형과 같은 치마로 나타나기 때문입니다.《훈몽자회》의 다른 부분에서는 츄마란 어형이 나타나므로 힝ᄌ츄마에서 모음조화에 맞추어 '츄'가 '쵸'로 변하여 힝ᄌ쵸마가 만들어진 것으로 추정해볼 수 있을 뿐입니다. 앞서 민간어원에 관하여 이야기하였듯 어원은 구체적인 자료와 과학적인 방법으로 규명되어야 하므로 우리가 확인할 수 있는 자료로 다만 추정할 따름입니다.

단어가 만들어진 뒤에 시간이 오래 지나면 발음과 표기가 바뀌어, 생긴 지 오래된 단어는 원래 낱말의 의미를 대중들이 알 수 없게 되어 임의로 추측을 하게 되지요. 그러다 보면 그럴싸한 의미로 만들어져 널리 퍼지게 되고 행주치마와 같은 민간어원이 생깁니다. 민간어원은 비록 역사적으로 확인되지 않은 설명과 해석이지만 그 시대 사람들의 삶과 문화를 이해할 수 있게 해주지요. 단어 하나로 다양한 이야기를 만나게 되기도 하니 흥미롭기도 합니다.

【 22 】 너무 많이 불러서 굳어진 말

○

엄마, 아빠를 부르기는 쉽지만
이 단어를 알고 나면
안그래도 친근한 이 말이
더욱 가깝게 다가오는 기분이 들 것입니다.

태어나 가장 먼저 배우는 단어

아기가 말을 배울 때 가장 먼저 배우는 단어는 무엇일까요? 대개는 엄마일 겁니다. 아기는 아직 발성을 제대로 할 수 없기 때문에 대부분의 언어에서는 엄마에 해당하는 단어에 두 입술이 닿았다가 떨어질 때 나는 소리, 즉 발음이 가장 쉬운 자음인 미음(ㅁ)소리가 들어갑니다. 즉 아기에게 있어 가장 중요한 엄마를 가장 먼저 발음할 수 있도록 언어가 설계되어 있는 것이지요.

요새는 성인들도 자신의 부모를 엄마, 아빠라 부르는 경우가 많지만 사실 엄마, 아빠는 유아어입니다. 그러다 보니 성인이라면 어머니, 아버지라고 해야 한다고 전통적인 규범을 강조하는 분들이 계시기도 합니다. 하지만 그 친근감 때문일까요? 딸들은 아무리 나이가 들어도 엄마라고 부르는 것 같습니다. 존댓말은 써도 호칭은 엄마이지요. 제 딸들도 나중에 나이가 들면 저에게는 아버지라 부르는 날이 올지 몰라도 제 아내이자 그네들의 엄마에게 어머니라고 부를 것 같지는 않습니다.

태어나 가장 먼저 배우는 말이자 가장 친근히 부르는 호칭이 엄마, 아빠가 아닐까 싶습니다. 엄마, 아빠는 기원적으로는 호칭어, 즉 부를 때에만 쓰는 말이었습니다. 그러나 이제는 지칭어로도 쓰여 완전한 하나의 명사가 되었어요. 너무 많이 쓰이다 보니 그 자체가 하나의 명사로 굳어진 단어입니다.

엄마, 아빠라는 단어를 들여다보면 안그래도 친근한 이 말이 더욱 친근하게 다가오는 기분이 들 것입니다. "엄마!", "아빠!"라고 입 밖으로 소리 내 불러보며 이야기를 시작해보는 것도 재미있겠네요.

어마, 아바에서
엄마, 아빠로

어머니와 아버지에 해당하는 말은 옛 문헌에 어마님과 아바님으로 나타납니다.

호ᄆᆡ도 ᄂᆞᆯ히언마ᄅᆞᄂᆞᆫ

(호미도 날이 있지만)

낟ᄀᆞ티 들 리도 업스니이다

(낫처럼 잘 베어지지 않습니다)

아바님도 어이어신마ᄅᆞᄂᆞᆫ

(아버지도 어버이이시지만)

위 덩더둥셩

(위 덩더둥셩)

어마님ᄀᆞ티 괴시리 업세라

(어머니처럼 사랑하실 분이 없구나)

아소 님하

(아소 님하)

어마님ᄀᆞ티 괴시리 업세라

(어머님처럼 사랑하실 분이 없구나)

위 노래는 고려가요 〈사모곡〉입니다. 중고등학교 교과서에 실려 있어서 잘 아시는 노래일 겁니다. 고려시대에 만들어져 불리던 노래가 조선시대에도 불리다가 한글 창제 이후 한글로 표기되어 전해지고 있지요. 《악장가사》란 책에 기록되어 있는데 여기에 나타나는 표기는 조금 후대의 것입니다. 한글 창제 초기라면 3행의 '어이'가 '어ᅀᅵ'로 나타났을 겁니다. '어ᅀᅵ'는 부모의 의미로 쓰이기도 하고 어머니만을 뜻하기도 하는 말이었는데 이 노래에서는 부모의 의미로 사용이 되었습니다.

바로 이 노래에 '어마님, 아바님'이 보입니다. 현재는 자신의 부모는 어머니, 아버지로, 다른 사람의 부모는 어머님, 아버님으로 부르도록 되어 있으나 예전에는 자신의 부모도 어마님, 아바님으로 불렀습니다. 형님, 선생님에서 알 수 있듯이 어마님, 아바님이 어마, 아바

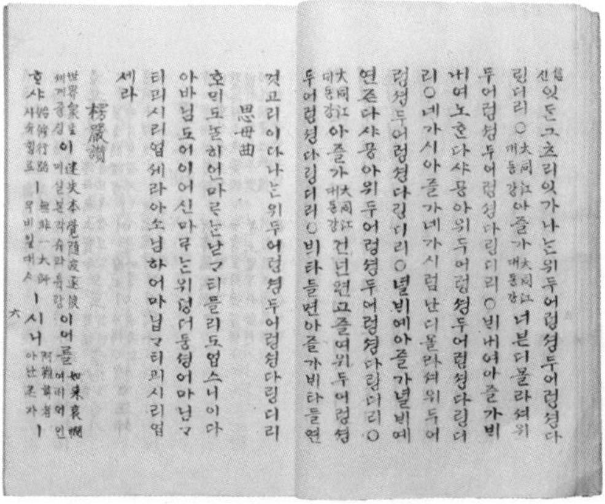

《악장가사》에 실린 고려가요 〈사모곡〉

(출처: 한국민족문화대백과)

에 '님'이 붙어서 만들어진 것임을 쉽게 이해할 수 있습니다.

여기서 어마, 아바는 어미, 아비에 호격조사 '아'가 결합한 형태입니다. 어머니, 아버지를 뜻하는 말이 단독으로 쓰일 때는 어미, 아비의 형태로 나타나는데 여기에 부를 때 쓰는 '아'가 결합한 것이지요. 즉 일반적인 형태일 때는 어미, 아비이지만 부를 때는 어마, 아바의 형태가 되는 것입니다.

사극을 보시면서 왕자나 공주가 부모를 부를 때 어마마마, 아바마마라고 하는 것을 보신 적이 있으실 겁니다. 부모를 부르는 말인 어마, 아바에 높임을 나타내기 위해 상감마마, 중전마마 할 때의 '마마'를 붙인 것입니다. 바로 이 어마, 아바를 아기들이 제대로 발음하지 못해서 중간에 ㅁ, ㅂ이 한 번씩 더 들어가는 형태인 엄마, 압바로 발음하게 되었고 이것이 굳어져 오늘날의 엄마, 아빠가 된 것입니다.

사전에 따르면 어미, 아비는 어머니, 아버지의 낮춤말로 되어 있는데 자신의 부모를 낮추어 표현할 일이 거의 없으므로 오늘날 어미, 아비는 특수한 용법으로만 쓰이게 되었지요. 가령 부모가 며느리나 결혼한 자식을 어미, 아비라 부르는 것이 그 하나입니다. 여기에 호격조사 '야'가 결합하면 어미야, 아비야가 됩니다. 물론 구어에서는 전설모음화가 적용된 에미야, 애비야가 쓰이지만 이는 규범에 맞는 표현은 아닙니다.

우리 말 호격조사를 이해하면 비밀이 풀린다

호격조사가 '영숙아'처럼 자음으로 끝나는 말 뒤에서는 '아'로, '영희야'처럼 모음으로 끝나는 말 뒤에서는 '야'로 나타난다는 것은 잘 아실 겁니다. 그런데 옛말에서는 왜 어미, 아비에 현대처럼 호격조사 '야'가 결합하지 않고 '아'가 쓰였고 심지어 ㅣ까지 탈락해서 어마, 아바가 되었던 것일까요?

이 문제의 답을 찾기 위해 우리는 다음의 현상을 참고할 수 있습니다. 기러기를 주어와 목적어로 하여 말을 해봅시다. 그리고 기러기를 한 번 불러볼까요?

기러기가 날아 간다.
기러기를 보았다.
기러기도 많구나.
기럭아 어디 가니?

기러기에 조사가 결합할 때 다른 조사에서는 변화가 없는데 호격조사는 '야'가 아니라 '아'가 쓰이며 마지막 모음 ㅣ가 탈락합니다.

"저는 '기럭아'라고 부르지 않고 '기러기야'라고 불러요"라고 이야기하는 분도 계실 겁니다. 물론 현대에는 기러기에 호격조사 '야'를 결합시킨 형태인 '기러기야'가 쓰일 수도 있습니다. 그래서 한글맞춤법에는 준말에 대한 조항 중에 다음과 같은 내용이 정해져 있어요.

> 제32항 단어의 끝모음이 줄어지고 자음만 남은 것은 그 앞의 음절에 받침으로 적는다.
>
> 기러기야 – 기럭아
>
> 어제그저께 – 엊그저께
>
> 가지고/가지지 – 갖고/갖지

즉 한글맞춤법에서는 '기럭아'를 '기러기야'의 준말로 처리하고 있습니다. 그러나 역사적으로 보면 '기럭아'가 먼저 쓰이던 형태이고 '기러기야'는 나중에 나타난 것입니다. 민요나 판소리 가사에 '기럭아'란 표현이 많이 나타나서 한글맞춤법에서는 이 예를 들어놓은 것 같습니다.

'기럭아'가 익숙하지 않으시다면 '두껍아'는 어떠신가요? 어릴 때 모래사장에 가서 "두껍아, 두껍아, 헌 집 줄게 새 집 다오"라는 놀이 동요를 불렀던 경험이 한 번쯤은 있으실 겁니다. "두꺼비야"가 아니라 "두껍아"라고 부르고 있지요. '두꺼비-두껍아'에서도 '기러기-기럭아'와 같은 현상이 나타납니다.

엄마, 아빠는 기원적으로는
부를 때에만 쓰는 말이었습니다.
그러나 너무 많이 쓰이다 보니
이제는 완전한 하나의 명사가 되었습니다.

그런데 공교롭게도 1446년에 간행된《훈민정음》해례본에 이 단어들이 다 나오는데 '그력, 두텁'으로 나타납니다. '그력'은 '기럭'으로, '두텁'은 '두껍'으로 형태가 바뀌었다는 차이가 있지만 이들은 공통적으로 단어 끝에 ㅣ모음이 없다는 특징을 가지고 있습니다.

여기서 우리는 중요한 단서를 하나 찾게 되는데요. 호격조사가 결합할 때 ㅣ가 떨어지는 단어는 기원적으로 ㅣ가 없었던 것인데 나중에 결합했다는 사실이지요. 나중에 결합한 ㅣ는 학술적으로는 접미사라고 처리할 수밖에 없기에, 접미사 ㅣ가 결합한 단어들은 호격조사와 결합할 때 ㅣ가 결합하지 않은 형태가 쓰인다고 설명할 수 있습니다.

이런 현상을 역사적으로는 어떻게 이해할 수 있을까요? 처음에는 '그력'이란 형태였으므로 여기에 다음과 같이 다양한 조사들이 결합합니다.

그력+이(주격조사) : 그려기

그력+을(목적격조사) : 그려글

그력+도(보조사) : 그력도

그력+의(관형격조사) : 그려긔

그력+아(호격조사) : 그려가

그러다 '그력'에 접미사 ㅣ가 결합하여 '그려기'란 형태가 하나의 명사로 굳어지게 됩니다. 접미사 ㅣ는 주격조사 ㅣ에서 기원한 것으로 보기도 합니다. 즉 주격 형태인 '그려기'가 하나의 단어로 굳어졌다고 보는 것이지요. 그러나 '그력'이 '그려기'로 굳어져 쓰이게 되는 변화는 처음에는 관형격과 호격에서는 적용되지 않았습니다. 그래서 '그려기'는 아래와 같은 양상을 보이게 됩니다.

그려기+이(주격조사)　: 그려기
그려기+를(목적격조사): 그려기를
그려기+도(보조사)　: 그려기도
그력+의(관형격조사)　: 그려긔
그력+아(호격조사)　: 그려가

이러한 역사적인 배경을 모르는 사람이 이와 같은 현상을 접하면 어떻게 설명을 할까요? '그려긔, 그려가'는 '그려기'에 관형격조사나 호격조사가 결합할 때 마지막에 있는 ㅣ가 탈락한다고 하겠지요. 그러다 관형격조사에서도 '그려기'의 형태가 쓰여 '그려기의'가 되고 현대국어에서는 호격에서만 이러한 현상이 남게 된 것입니다. 또 '그려기'는 '기러기'로 형태가 변화했고요. 그 결과 현대국어에서는 '기러기가, 기러기를, 기러기도, 기러기의, 기럭아'가 쓰이게 되었고 호격에서도 점차 '기러기'가 쓰이게 되면서 '기러기야'와 같은 형태가 나타납니다.

이상의 설명은 어미, 아비에도 똑같이 적용할 수 있습니다. 즉 어미, 아비는 기원적으로 '엄, 압'이었고 여기에 접미사 ㅣ가 나중에 붙은 말입니다. '엄, 압'에 접미사 'ㅣ'가 결합하여 어미, 아비가 되었어도 관형격과 호격에서는 '엄, 압'의 형태가 여전히 쓰이고 있었으므로 15세기에는 '어믜, 아븨, 어마, 아바'라는 형태로 실현이 되었지요. 그러다 현대국어로 오면서 관형격에서는 더 이상 '엄, 압'이 쓰이지 않게 되었고 호격에서만 나타나게 되었는데 형태까지 변해서 엄마, 아빠가 되었고 급기야는 이것이 호격만이 아니라 단독 명사로까지 굳어지게 되었습니다.

하도 부르다 보니 그 자체가 명사가 된 말

엄마, 아빠는 기원적으로는 호칭어, 즉 부를 때에만 쓰는 말이었지만 이제는 지칭어로도 쓰여 '엄마가, 엄마를'과 같이 나타나므로 완전한 하나의 명사가 되었습니다. 너무 많이 쓰이다 보니 그 자체가 하나의 명사로 굳어졌어요.

우리말은 조사와 어미가 매우 발달되어 있습니다. 따라서 명사류가 문장에서 쓰일 때는 다양한 조사가 결합하여 나타나게 되지요. 그런데 일부 명사는 그 명사의 의미적 특성상 특정한 조사와 결합해서 나타나는 일이 많습니다.

가령 시간이나 장소의 의미를 가지는 명사는 처소나 시간을 나타내는 부사격조사 '에'와 결합하는 일이 많겠지요. 그렇다면 어미, 아비와 같은 명사는 어떤 조사와 결합하는 일이 가장 많을까요? 그렇습니다. 바로 호격조사입니다. 즉 단독형은 어미, 아비이지만 그 호격형인 엄마, 아빠가 너무 많이 쓰이다 보니 그 자체가 하나의 명사로 굳어진 것입니다.

이러한 현상은 현대에도 나타납니다. 가령 경상도 지역을 배경으로 한 드라마에서 이런 대사를 들어보셨을 겁니다.

"오빠야만 믿어라."

"언니야가 해줄게."

원래대로라면 '오빠만 믿어', '언니가 해줄게'여야 하는데 '오빠야, 언니야'가 하나의 명사인 것처럼 쓰여 이 뒤에 다시 다른 조사가 결합할 수 있게 된 것입니다. 사람들이 하도 '야'를 붙여서 말하다 보니 그것까지를 하나의 단어로 인식하게 되었지요. 이것이 친족명칭 호칭어의 특징이라고 할 수 있습니다. 엄마, 아빠 외에 누나, 오빠에도 기원적으로 호격조사 '아'가 포함되어 있습니다.

호격조사가 포함된 엄마, 아빠, 누나가 하나의 명사가 되면서 여기에 다시 호격조사 '야'가 결합한 형태도 쓰이는데요.

> 엄마야 누나야 강변 살자
> 뜰에는 반짝이는 금모래 빛
> 뒷문 밖에는 갈잎의 노래
> 엄마야 누나야 강변 살자

동요로 불려서 더 유명한 김소월 시인의 〈엄마야 누나야〉라는 시입니다. 기원적으로 호격 형태여서 엄마, 누나만으로 충분한데 여기에 다시 호격조사 '야'를 붙여 '엄마야, 누나야'라고 하였습니다. 이 시는 1922년에 발표되었으니 100년이 넘었는데요. 이미 이때 엄마, 누나가 하나의 단어로 굳어져 있었고 그것이 기원적으로 호격 형태라는 인식이 사라졌음을 보여줍니다.

어찌 보면 쉽고
어찌 보면 어려운

엄마, 아빠가 어미, 아비의 호격형이 굳어져 생긴 단어라는 것을 이해하시겠지요? 여기까지 이야기를 들은 분들은 자연스럽게 다음 질문을 하게 될 것입니다. 어머니, 아버지라는 단어는 어떻게 해서 어머니, 아버지라는 단어로 굳어지게 되었는가 하는 질문이지요.

어머니를 설명하는 것은 어찌 보면 쉽고 어찌 보면 어렵습니다. 사모곡에 나타나는 형태인 '어마님'이 '어머니'로 변화했다고 하면 쉽게 이해가 되시지 않나요? 그러니 설명이 쉽다고 할 수 있지요.

그러나 '마'가 '머'로, '님'이 '니'로 왜 바뀌었나는 설명이 쉽지 않습니다. 우선 '마'가 '머'로 바뀐 것은 모음조화와 관련하여 설명할 수 있을 듯합니다. 학창 시절에 배우셨을 텐데, 모음조화가 무엇인지 기억이 나시나요? ㅏ, ㅗ 같은 양성모음은 양성모음끼리 ㅓ, ㅜ 같은 음성모음은 음성모음끼리 어울리는 현상이 모음조화입니다. 촐랑촐랑, 출렁출렁 등이 그 예이지요. 현대국어에서는 모음조화 현상이 매우 약해져서 일부의 의성의태어나 '-아/어, -았/었-' 같은 일부의 어미에만 남아 있지만 예전에는 이 현상이 강력했습니다. 그래서 한 형태소 내부에서도 철저히 지켜졌고 모음으로 시작하는 이형태가 있는 대부분의 조사나 어미도 모음조화에 따라 다르게 나타났습니다.

그런데 특이하게도 호격조사는 '아'여서 모음으로 시작함에도 모음조화에 따라 '어'로 쓰이는 일이 없이 항상 '아'로만 나타납니다. 즉 '아비+아 → 아바'는 모음조화에 맞는 형태이지만 '어미+아 → 어마'에서는 모음조화에 맞지 않는 형태가 나타나는 것입니다. 여기에 다시 '님'이 결합하여 어마님이 되었는데 사람들은 점차 어마님의 어마가 호격조사가 결합한 형태라는 사실을 인식하지 못하고 어마 내지 어마님을 하나의 형태로 인식합니다.

그렇다면 당연히 모음조화에 맞게 어머님이 되어야 하겠지요. 즉 어마님의 '마'가 '머'로 바뀐 것은 모음조화가 확대 적용된 것으로 이해할 수 있습니다.

'님'은 왜 '니'로 바뀌었을까요? 이에 대한 설명은 쉽지 않습니다. 다만 '할머님 → 할머니, 아주머님 → 아주머니, 아주버님 → 아주버니'와 같이 친족명에서 '님 → 니'의 변화가 자주 일어난다고 언급해 둘 수밖에 없습니다.

아버지의 경우는 어떨까요? '아비'의 기원적인 형태가 '압'이라고 하였으니 아버지는 '압+어지'로 분석해볼 수 있을 듯합니다. '어지'란 형태에 대해서는 아직 정확한 설명을 할 수 없으나 혹 사모곡에 나타난 '어이', 즉 '어ㅿㅣ'와 관련이 있는 것은 아닐까 조심스레 추측해봅니다. ㅿ은 일반적으로는 소멸되어 사라집니다만 방언이나 일부 단어에서는 ㅈ으로 변화하기도 하기 때문입니다. 15세기의 'ᄒᆞᄫᆡᅀᅡ'가

'혼자'가 되었듯이 ㅿ이 ㅈ이 되었다면 '어ㅿㅣ'가 '어지'가 될 수 있는 것이지요. 다만 15세기 문헌에서부터 어버ㅿㅣ란 형태가 이미 쓰이고 있었고 이것이 어버이로 이어졌음을 고려할 때 거의 같은 구성을 가지는 단어 '압+어ㅿㅣ → 아버ㅿㅣ'가 의미와 형태를 달리하며 아버지로 이어졌다고 설명하기에는 확증이 없어서 다소 망설여지기도 합니다.

그러나 '압+어ㅿㅣ'가 하나의 형태로 인식되면서 모음조화에 따르는 구성인 '어버ㅿㅣ'로 변화하여 이것이 '어버이'가 되었고 다시 후대에 부친만을 의미하는 '압+어ㅿㅣ(또는 후대의 변화형인 '어지')'가 결합한 형태가 만들어져 '아버지'가 되었다고 설명하는 것이 불가능하지는 않다고 해두겠습니다.

엄마, 아빠를 부르기는 쉽지만 엄마, 아빠가 어떻게 하여 엄마, 아빠가 되었느냐에 대하여 이야기를 하자면 문법적인 이해가 필요하므로 쉽지만은 않습니다. 친숙한 언어가 낯설게 느껴지는 이상한 기분이 들기도 하고, 한국어가 어렵다 토로하는 외국인의 마음을 이해하게 될지도 모르겠습니다.

매일같이 부르는 이름을 가만히 읊조려보세요. 습관처럼 쓰는 단어도 매일 부르는 그 사람도 아무런 이유가 없지 않습니다.

【 23 】 사전은 모두 옳을까?

○

이상하다 여겨지면 비판을 할 줄
아는 시각이 필요합니다.
사람은 실수도 할 수 있습니다.
이를 인지하고 탐구하는 자세가 필요합니다.

사전에도 오류가 있습니다

인터넷과 스마트폰이 널리 보급되면서 종이 사전을 직접 찾아보는 일이 예전에 비해 참 적어졌습니다. 그러나 모르는 단어를 찾을 때, 또는 단어의 용법이나 의미를 확실히 알고 싶을 때 우리는 지금도 사전을 많이 이용합니다. 예전처럼 두꺼운 종이 사전을 직접 펼쳐서 이용하지 않고 인터넷 검색이나 사이트를 통해 정보를 얻는다 하더라도, 그 정보의 1차적인 출처는 사전일 경우가 많으므로 아직도 우리는 사전이 제공하는 정보에 크게 의지하고 있음은 분명합니다.

그러나 사전도 사람이 만드는 것이기에 오류나 문제를 지니고 있을 수밖에 없습니다. 사전의 전반적인 문제에 대해서 이야기하자면 별도의 책을 구성해야 할지도 모르니 여기서는 사전에 잘못 실린 단어 하나의 예를 살펴봄으로써 사전이 우리의 언어생활에 어떻게 영향을 미칠 수 있는가 하는 점만 간단히 이야기해보고자 합니다. 하나의 단어가 어떤 과정으로 사전에 등재되고 이후 수정을 거쳐 현재 우리가 보고 있는 사전에 기록되어 있는지 흥미로운 추적의 과정을 여러분과 함께 밟아보려 합니다.

명아주에 대한 이야기를 하면서 명아주의 다른 이름으로 학항초(鶴項草)란 말이 사전에 올라 있으나 이는 학정초(鶴頂草)의 잘못임을 이야기했습니다. 이와 비슷하게 사전에 잘못 올라간 단어가 있는데요. 바로 열명길이란 단어입니다. 열명길을 검색해보면 소설가 박상륭이 1968년에 발표한 소설의 제목 또는 1986년 문학과지성사에서 간행한 박상륭의 중단편소설집이라고 나옵니다. 그리고 열명길에 대해서는 '사람이 죽은 뒤에 그 혼이 가서 산다고 하는 세상으로 가는 길. 저승길과 같은 말'이라고 설명을 하고 있지요. 즉 소설가 박상륭이 1968년에 《열명길》이란 단편소설을 발표하였고 이 소설과 다른 소설들을 묶어 1986년에 소설집을 간행할 때 이《열명길》을 다시 대표작으로 제시하였습니다. 그러니 열명길이란 단어는 그로 인해 세상에 널리 알려진 단어라고 할 수 있습니다.

열명길이 여러 국어사전에 표제어로 등재되어 있으니 이 말이 소설가 박상륭의 작품으로 인해 널리 퍼졌다는 것이 어폐가 있다고 할지 모르나 학항초가 사전에 실려 있지만 실제 사용 예를 찾을 수 없는 점을 고려하면 열명길이 그로 인해 퍼졌다는 것이 과언은 아닙니다. 물론 열명길이 사전에 실려 있는 이상 다른 작가가 이 말을 활용할 수 있고 실제로 그런 용례도 나타나지만 그 처음은 소설가 박상륭이 발표한 소설《열명길》이었습니다.

해석상 이견이 많은 단어,
그러나

거두절미하고 말하자면 열명길은 저승길이 아닙니다. 즉 사전의 뜻풀이가 잘못된 것이지요. 왜 이와 같은 오류가 나타나게 된 것일까요?

열명길은 고려가요인 〈이상곡〉에 등장하는 말입니다. 열명길이란 말을 이해하기 위해 〈이상곡〉의 가사 전체를 한번 읽어봅시다. 원전에는 띄어쓰기나 행 바꿈이 없지만 이해를 돕기 위해 제가 임의로 띄었습니다.

비 오다가 개야아 눈 하 디신 나래
서린 석석 사리 조븐 곱도신 길헤

다롱디[6] 우셔마득 사리마득 너즈세[7] 너우지
잠ᄯᅡ 간 내 니믈 너겨 깃둔 열명길헤 자라 오리잇가

종종 벽력(霹靂) 아 싱함타무간(生陷墮無間)
고대셔 싀여딜 내 모미
종[8] 벽력(霹靂) 아 싱함타무간(生陷墮無間)
고대셔 싀여딜 내 모미
내 님 두숩고 년 뫼롤 거로리

이러쳐 뎌러쳐 이러쳐 뎌러쳐 긔약(期約)이잇가
아소 님하 ᄒᆞᆫᄃᆡ 녀졋 긔약(期約)이이다

고려 시대의 노래인데 수백 년 입으로 전승되다 후대에 한글로 기록되었기 때문에 아직도 가사의 내용을 정확히 이해할 수 없는 부분이 많습니다. 더구나 《성종실록》에 따르면 〈쌍화점〉, 〈이상곡〉, 〈북전〉의 가사 가운데 음란하고 외설적인 말은 빼고 고쳤다고 하므로 이때 고쳐지면서 노래 가사가 자연스럽지 않게 된 부분도 있을 것입니다. 여러 연구자들이 각각의 해독을 제시하였는데요. 저는 여기에서 미상인 부분을 괄호 속에 넣고 현대어 번역을 제시해봅니다.

비 오다가 개어서 눈 많이 내리신 날에
(서린 석석 사리) 좁은 굽어휘어진 길에
(다롱디 우셔마득 사리마득 너즈세 너우지)
(잠싸 간) 내 님을 생각하여 (깃둔 열명길헤) 자러 오겠습니까?
쿵쿵 천둥번개[9] 아 아비지옥[무간지옥]에 떨어져
곧 사라질 내 몸이
쿵쿵 천둥번개 아 아비지옥[무간지옥]에 떨어져
곧 사라질 내 몸이
내 님 두고 다른 산을 걷겠습니까?
이러쿵 저러쿵 이러쿵 저러쿵 기약입니까?
아소 님이시여, 함께 가고자 하는 기약입니다.

해석상의 많은 이견들이 있으나 〈이상곡〉에서 '잠싸 간'과 '깃둔 열명길헤'는 그 의미를 정확히 알 수 없는 대표적인 예입니다. '잠싸 간'은 양주동 선생의 해독 이후로 '잠을 앗아 간'이라고 이해하는 경우가 많으나 15세기 국어로 동사는 '자다'인 데 비해 명사는 '줌'이라는 점에서 비록 후대의 표기라 해도 '잠'이란 어형은 문제가 될 수 있습니다. 양주동 선생 당시에는 그 존재를 인지하지 못했던, 당위나 가능성을 나타내는 '-ㅄ(다)'란 어미가 신라와 고려시대에 있었음을 고려하면 '잠싸'는 '자+ㅄ+다'로 보아 '자야 한다, 잘 수 있다'로 파악할 가능성도 있음을 언급해둡니다.

'깃둔 열명길헤'도 현재로서는 해석이 어려운 구절입니다. '깃둔'에 대해서는 '깃들다'란 의미의 동사 '깃-'의 관형사형으로 파악하는 견해와 'ㅅ둔'을 보조사로 보는 견해가 크게 대립하고 있습니다. 쉽게 설명하자면 '깃들었던'으로 보는 견해와 '그것이야'로 해석하는 견해인데 전혀 관련 없는 두 해석이 공존한다는 것이 그만큼 이 구절의 해독이 어려움을 단적으로 보여줍니다.

'열명길헤'는 더 심각한 문제를 안고 있습니다. '길헤'가 '길에'에 해당하는 말임은 쉽게 알 수 있으나 '열명'이 무엇인지 알 수 없기 때문입니다. '열명'에 대해 양주동 선생은 십명(十明)이라 보고 '십분노

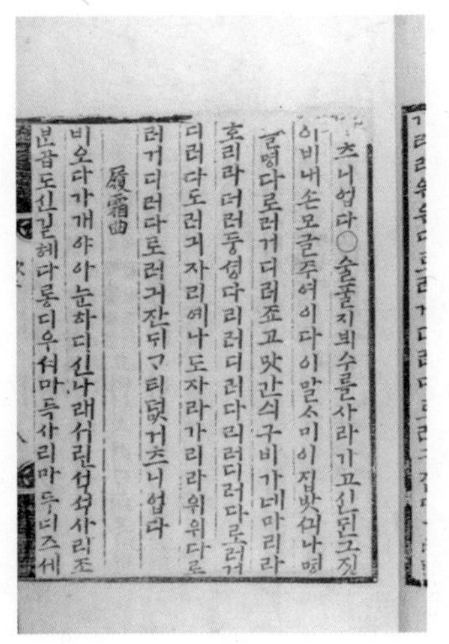

《악장가사》에 가사가 전해지는 고려가요 〈이상곡〉 (출처: 한국민족문화대백과)

명왕'으로, 이병기 선생은 개명(開明)이라 하여 '덜 밝은 새벽'으로, 지헌영 선생은 열망(熱望) 또는 연망(戀望)으로, 김완진 선생은 동사 '열다'에 연결어미 -며와 ㅇ이 결합한 형태로 파악하였으나 대부분의 연구자들은 미상으로 처리해두고 있습니다. 즉 '열명'의 의미는 차치하고도 명사인지 동사인지조차 논란이 되고 있는 것입니다.

자의적으로 해석하거나 답습하면 벌어지는 일

열명길이 한 단어인지조차 알 수 없음에도 왜 국어사전에서는 표제어로 올리고 저승길이라고 풀이하고 있는 것일까요? 이는 사전 편찬자들이 함부로 자의적인 해석을 사전에 등재하는 태도와 기존 사전의 잘못을 답습하거나 오히려 확대시키는 잘못된 사전 편찬 방식에 기인합니다.

국어사전들을 보면 열명길이 저승길이 된 과정을 알 수 있습니다. 더 이른 시기의 사전에 열명길이 등재되었을 수도 있으나 제가 확인한 바로 열명길이 수록된 것은 1961년 민중서관에서 간행한 이희승 선생의 국어사전입니다. 1957년에 완간된, 한글학회에서 낸 《큰사전》에는 열명길이 수록되어 있지 않습니다.

열명길囹 〈옛〉 시왕(十王) 길. 저승길. ★깃둔 열명길헤 자라오리 잇가《樂詞 履霜曲》

이희승 선생의 국어사전에는 위와 같이 열명길은 명사로 '옛말'인데 '시왕(十王) 길. 저승길'이라 풀이하고 용례로 고려가요 〈이상곡〉의 해당 구절을 제시하였습니다. 아마도 모든 오해의 시작은 여기부터였다고 생각됩니다. 양주동 선생은 열명에 대해 아마도 십명(十明)의 속칭인 듯하며 불교용어 십분노명왕(十忿怒明王)을 당시에 열명(十明)이라고 약칭한 것이리라고 추정하였습니다. 그리고 '열명길헤'는 '십분노명왕과 같이 무시무시한 길에'라는 뜻이라고 해석하였을 뿐입니다. 즉 양주동 선생은 '열명 → 십명(十明) → 십분노명왕(十忿怒明王)'과 같은 추정을 하였으나 그 근거가 미약하여 현재 대부분의 연구자들은 이 견해를 수용하지 않고 있습니다. 그런데 사전 편찬자는 양주동 선생의 이 추정에서 더 나아가 '십분노명왕(十忿怒明王) → 시왕(十王)[10] → 저승'이라는 잘못된 견해를 사전에 기술하는 오류를 범합니다.

명왕(明王)은 밀교에서 최고불존으로 여기는 비로자나불(또는 대일여래)의 명을 받들어 불교에 아직 귀의하지 않은 민중을 교화하는 역할을 맡는 존재입니다. 부처의 가르침에 순종하지 않은 자들에게 무시무시한 형체를 나타내어 복종시키고 교화시키는 존재여서 분노명왕(忿怒明王)이라 하는데 10가지 형상으로 나타나므로 십분노명왕(十忿怒明王)이라고도 하는 것이지요. 머리와 팔이 여러 개인 모습으로 나타나는 경우가 많습니다.

이에 비해 명왕(冥王)은 죽은 자를 심판하는 저승의 시왕(十王)을 말합니다. 시왕 중 다섯 번째인 염라대왕이 가장 잘 알려져 있습니다. 양주동 선생은 열명을 十明(십명)으로 보고 '십분노명왕 = 무시무시한 존재'로 파악한 것인데 사전 편찬자는 十明(십명)을 十冥[십명(어두울 명)]으로 오해하여 십왕(十王)으로 보고는 '열명 → 십명 → 십왕 → 저승'이라는 오해를 하고 이것을 사전 뜻풀이에 반영하였습니다.

그런데 한글학회에서 1992년에 새로 낸《우리말큰사전》에는 열명길이 다음과 같이 수정이 되었습니다.

> 열명-길[—낄] (이) =저승길. (ㅂ)보자기들은 일 년 열두 달 바닷속 열명길을 들락날락 자맥질하여야 했다.

[열명낄]이라는 발음 정보를 추가하고 품사가 '이름씨', 즉 명사임을 밝힌 후, 옛말이라는 정보 없이 '저승길과 같은 말'로 처리한 후 출처 표시 없이 현대의 용례를 제시해두었습니다. 즉 시왕길이라는 뜻풀이는 사라지고 저승길만 남게 된 것입니다.

이것이 국립국어원에서 1998년에 간행한 《표준국어대사전》에 와서는 다음과 같이 수정되기에 이릅니다.

열명-길[열명낄]

〈명사〉 사람이 죽은 뒤에 그 혼이 가서 산다고 하는 세상으로 가는 길. =저승길.

포작인(어부)들은 일 년 열두 달 바닷속 열명길을 들락날락 자맥질하여야 했다. _ 현기영, 《변방에 우짖는 새》

표제항과 발음, 품사는 변동이 없으나 뜻풀이가 단순한 저승길에서 '사람이 죽은 뒤에 그 혼이 가서 산다고 하는 세상으로 가는 길'이라고 구체적으로 서술되었습니다. 예문은 《우리말큰사전》에 '보자기'로 된 것을 '포작인(어부)'이라고 바르게 수정을 하였고 출처도 현기영의 《변방에 우짖는 새》[11]라고 명기했으니 《우리말큰사전》보다 개선이 되었다고 할 수 있습니다.

그런데 '사람이 죽은 뒤에 그 혼이 가서 산다고 하는 세상으로 가는 길'이라는 뜻풀이가 추가된 것은 왜일까요? 기존 사전에서와 같이 별도의 뜻풀이 없이 '=저승길'과 같이 유의어만 제시하는 방식을 지양하고 친절하게 구체적인 뜻풀이를 해주려는 의도에서였을 것입니다.

《표준국어대사전》에 저승길은 다음과 같이 되어 있는 것으로 보아 저승길의 뜻풀이를 그대로 열명길에 옮겨서 넣었음을 알 수 있습니다.

저승-길[저승낄]

〈명사〉 사람이 죽은 뒤에 그 혼이 가서 산다고 하는 세상으로 가는 길.

≒열명길, 황천길.

저승길을 떠나다.

그들도 웅보가 양반들처럼 만장 휘날리며 꽃상여 타고 저승길 떠나는 것을 보고 싶었던 것이다. _ 문순태, 《타오르는 강》

저승의 의미가 '사람이 죽은 뒤에 그 혼이 가서 산다고 하는 세상'이므로 저승길을 저승으로 가는 길이라는 뜻에서 '사람이 죽은 뒤에 그 혼이 가서 산다고 하는 세상으로 가는 길'이라 풀이하는 것은 맞지만 열명길이 저승길과 유의어라고 해서 저승길과 똑같이 뜻풀이하는 것은 옳지 않습니다.

가령 샛별, 금성, 개밥바라기, 태백성이 유의어라고 해서 그 뜻풀이를 똑같이 제시해서는 안 됩니다. 그러한 이름이 붙은 이유를 바탕으로 뜻풀이를 해야 하지요. 열명길을 '사람이 죽은 뒤에 그 혼이 가서 산다고 하는 세상으로 가는 길'이라 풀이함으로써 현재의 기술은 열명이 '사람이 죽은 뒤에 그 혼이 가서 산다고 하는 세상', 즉 저승과 유의어라는 착각을 불러일으키게 합니다.

〈이상곡〉에 등장하는 '열명길헤'라는 의미 미상의 표현이 '열명길 → 시왕길 → 저승길'이라는 오해를 거쳐 국어사전에 '사람이 죽은 뒤에 그 혼이 가서 산다고 하는 세상으로 가는 길'이라는 뜻풀이와 함께 버젓한 용례를 가진 현대어로 자리 잡게 된 것입니다. 이제라도 사전에서 열명길을 옛말로 의미 미상이라고 기술해두는 것이 타당하겠으나 이미 현대어에 자리를 잡고 버젓이 용례를 갖추고 있으니 이도 쉽지 않은 일입니다.

좋은 작가가 되기 위해 어휘력을 신장시킬 필요가 있고 그러기 위해 사전을 충실히 공부하여 사라져가는 말들을 되살려 쓰려는 시도가 장려되어야 하는 것은 맞습니다. 그러나 그러다 보니 열명길과 같은 유령어가 나타나 자리 잡는 현상도 나타나게 됩니다.

사전 편찬자의 책무가 막중함을 느낍니다. 사전에는 온갖 전문적인 용어가 나옵니다. 사전 편찬자들은 모든 분야를 망라해 아는 전문가일 수는 없습니다. 그러므로 자의적으로 해석하거나 기존 사전의 잘못을 답습하지 않도록 신중해야 하고 공부를 해야 하겠지요.

우리는 단어의 용법이나 의미를 확실히 알고 싶을 때 사전을 적극적으로 이용하되 사전에서 기술하고 있다고 하여 모든 말이 다 옳다고 무비판적으로 받아들이지는 말아야 하겠습니다. 이상하다 여겨

사전을 적극적으로 이용하되
사전에서 기술하고 있다고 하여
모든 말이 다 옳다고
무비판적으로 받아들이지는
말아야 하겠습니다.

지면 비판을 할 줄 아는 시각이 필요하지요. 사람은 실수도 할 수 있습니다. 이를 인지하고 탐구하는 자세가 필요합니다.

1 15세기 문헌에 모음으로 시작하는 조사와 결합한 예가 보이지 않아 기본형이 ᄀᆞ랓인지 확인할 수는 없지만 후대의 ᄀᆞ라지란 형태를 참고할 때 기본형은 ᄀᆞ랏이 아닌 ᄀᆞ랓이었다고 추정된다.

2 〈충청타임즈〉, 2006년 10월 09일, '한글 이름 점차 감소 추세'

3 〈전주 KBS 뉴스〉, 2007년 10월 15일, '자취 감춘 '한글 이름 짓기' 열풍'

4 〈조선일보〉, 2010년 5월 18일, '우리말 이름짓기 운동, 한풀 꺾여 안타까워'

5 〈LG헬로비전〉, 2023년 10월 16일, '우리 아이 한글 이름으로…10년 만에 2배 증가 원인은?'

6 《대악후보》에는 '다롱디리'로 되어 있다.

7 《대악후보》에는 '넌즈세'로 되어 있다.

8 앞의 구절을 참조하면 'ᄌᆞᇰᄌᆞᇰ'의 잘못으로 보인다.

9 '霹靂'은 번개이지만 앞에 있는 'ᄌᆞᇰᄌᆞᇰ'을 천둥을 표현한 의성어로 보고 '천둥번개', 즉 '뇌성벽력'으로 해석하였다.

10 한자음은 '십왕'이지만 '十月(십월)'이 '시월'로 발음되는 현상과 같이 '시왕'으로 발음이 굳어졌다.

11 《변방에 우짖는 새》는 1981년부터 1982년까지 월간잡지 〈마당〉에 연재되었고 1983년 창작과비평사에서 단행본으로 간행된 장편소설이다. 현기영이 사전에서 직접 '열명길'을 찾아 소설에 활용한 것인지, 박상륭의 작품에서 영향을 받은 것인지는 명확하지 않다.

단어가 품은 세계

초판 1쇄 발행 2024년 11월 22일
초판 5쇄 발행 2025년 1월 24일

지은이 황선엽

펴낸이 봉선미
마케팅 이지현
디자인 [★]규
외부스태프 김은아
용지 세종페이퍼 **제작** 한영문화사

펴낸곳 리더스 그라운드
출판등록 2023년 6월 20일 제2023-000114호
주소 서울시 중랑구 면목로 92길 27 **이메일** partner@readers-ground.com
ISBN 979-11-987319-0-6 (03700)

- 빛의서가는 리더스 그라운드의 출판 브랜드입니다.
- 이 도서는 2024년 문화체육관광부의 '중소출판사 성장부문 제작 지원' 사업의 지원을 받아 제작되었습니다.
- 리더스 그라운드는 독자 여러분의 책에 관한 아이디어와 원고 투고를 기다리고 있습니다. 책 출간을 원하시는 분은 partner@readers-ground.com으로 책 출간에 대한 취지와 연락처 등을 보내주시기 바랍니다. 새로운 이야기를 환영합니다.